선생님이 들려주는 분쟁 이야기 ❷

초판 1쇄 펴낸 날 | 2015년 2월 23일
초판 2쇄 펴낸 날 | 2016년 8월 22일

글 작가 | 차은숙
그림 작가 | 정지원

펴낸이 | 이영남
펴낸곳 | 생각하는책상
등록 | 2013년 5월 16일(제2013-000150호)
주소 | 서울시 마포구 상암동 월드컵북로 400번지 문화콘텐츠센터 5층 창업보육센터 11호
전화 | 02-338-4935(편집), 070-4253-4935(영업)
팩스 | 02-3153-1300
메일 | td4935@naver.com
편집 | 정내현
디자인 | 김은란

ⓒ 차은숙
ISBN 978-89-97943-16-6(74900)
　　　978-89-97943-14-2(세트)

※ 이 책에 쓴 사진은 해당 사진을 보유하고 있는 단체와 저작권자의 허락을 받아 게재한 것입니다.

※ 저작권자를 찾지 못하여 게재 허락을 받지 못한 사진은 저작권자를 확인하는 대로 게재 허락을 받고 통상 기준에 따라 사용료를 지불하겠습니다.

※ 생각하는책상은 스마트주니어의 어린이책 전문 브랜드입니다.

※ 이 책의 판매수익금 중 1%는 플랜코리아에 기부됩니다.

※ 이 도서의 국립중앙도서관 출판예정도서목록(CIP)은 서지정보유통지원시스템 홈페이지 (http://seoji.nl.go.kr)와 국가자료공동목록시스템(http://www.nl.go.kr/kolisnet)에서 이용하실 수 있습니다. (CIP제어번호: CIP2015004755)

※어린이 안전 특별법에 의한 제품 표시

품명 도서 / **제조자명** 스마트주니어 / **주소** 서울시 마포구 상암동 월드컵북로 400번지 문화콘텐츠센터 5층 창업보육센터 11호 / **연락처** 02-338-4935 / **최초 제조년월** 2015년 2월 / **제조국** 대한민국 / **사용연령** 7세 이상

선생님이 들려주는
분쟁 이야기 ②

아시아
유럽

글 차은숙 · 그림 정지원

생각하는책상

차례

추천사 • 6
저자의 말 • 10

01 팔레스타인: 평화의 반대말

1. 평화의 반대말 • 14
2. 유대인과 아랍인의 분쟁의 땅 • 18
3. 하늘만 열린 감옥 • 36
4. 평화는 어디에 있어요? • 41

더 알고 싶어요!: 중동 전쟁 • 34

02 이라크와 이란: 석유, 검은 황금일까 검은 눈물일까?

1. 검은 황금 • 50
2. 세계의 화약고, 중동 • 55
3. 이란과 이라크 지역의 분쟁 • 59
4. 검은 눈물 • 76

더 알고 싶어요!: 나라 없는 세계 최대의 민족, 쿠르드족 • 74

03 아프가니스탄: 나도 학교에 가고 싶어요

1. 나도 학교에 가고 싶어요 • 82
2. 힘센 나라들의 전쟁터, 아프가니스탄 • 87
3. 아프가니스탄의 길고 긴 전쟁 • 89
4. 나는 학교에 다녀 • 104

04 발칸 반도: 화해하기 싫어

1. 화해하기 싫어 • 112
2. 유럽의 화약고, 발칸 반도 • 116
3. 발칸 반도의 분쟁 • 121
4. 화해와 평화로 가는 다리 • 130

05 캅카스: 우린 서로 달라!

1. 우린 서로 달라! • 138
2. 캅카스, 민족과 언어의 산 • 142
3. 캅카스 지역의 분쟁 • 148
4. 전쟁과 평화 • 156

더 알고 싶어요!: 제2의 페르시아 만, 카스피 해 • 146

06 키프로스: 평화로 가는 길

1. 평화누리공원 • 162
2. 유럽의 분단국가, 키프로스 • 166
3. 그리스계와 터키계의 분쟁, 키프로스 분쟁 • 171
4. 평화로 가는 비무장 지대 • 180

더 알고 싶어요!: 세계의 장벽-분쟁과 갈등의 상징 • 177

교과 연계 • 184

:: 추천사 1

지구촌 아이들의 꿈

　현대를 살아가는 학생들에게 내전과 난민이라는 두 단어는 익숙하지 않을 것입니다. 뉴스를 통해 내전과 난민과 지구촌의 다양한 빈곤 문제에 대해 접해 온 어른들 역시 당장 내가 사는 나라에서 일어나는 일, 내가 오늘 하루를 살아갈 때 겪어야 할 일이 아니기에 나와는 상관없는 머나먼 나라의 일이라고 생각할 것입니다.

　맞습니다. 내전과 난민이라는 이슈는 대한민국에서 멀리 떨어진 아프리카나 남미에서 많이 발생하는 문제입니다. 하지만, 우리에게도 6·25 전쟁이라는 시련이 있었습니다. 그때 많은 사람들이 고향을 떠나거나 난민이 되어야만 했던 사실을 잊지 말아야 할 것입니다. 또한, 대한민국은 아직까지도 남과 북이 분리되어 살아가는 지구상의 하나 남은 분단국가입니다. 내전과 난민이라는 문제는 거리상으로 멀리 떨어진 아프리카나 남미에서만 일어나는 문제가 아니라 이렇게도 우리의 마음속에서조차 멀리 자리한 문제가 아닐런지 생각해 봅니다.

　국제 아동 후원 단체 플랜코리아 역시 전 세계 50개 수혜국에서 지역 개발 사업을 진행하다 보면 내전의 고통 속에 난민으로 고생하는 많은 사람을 만나게 됩니다. 특히 그 가운데 어린이들은 가장 취약한 계층으로 어른들이 만들어 낸 내전의 가장 큰 희생양이 됩니다.

　지구 반대편에서 일어나는 일이지만 우리 모두의 관심과 사랑이 있다면 그

고통은 절반이 됩니다. 이 책과 함께 하는 선생님 그리고 아이들, 더불어 플랜코리아까지 함께 고민하고 마음을 나눈다면 지구촌의 모든 아이들이 행복해질 수 있지 않을까요?

-국제 아동 후원 단체 플랜코리아

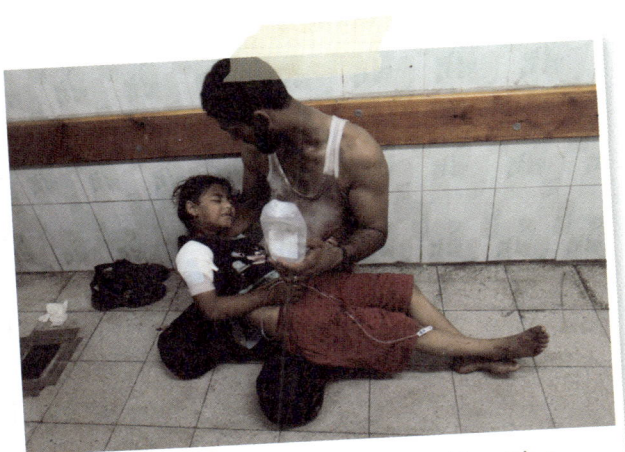

이스라엘의 공습으로 부상당한 어린이

:: 추천사 2

평화를 꿈꾸고 만드는 'Peacemaker'가 되기를

  2013년 봄이었다. 개성공단 가동이 멈추었고, 그곳에서 일하던 사람들 모두가 남한으로 되돌아왔다.
  곶자왈작은학교 아이들과 이 상황에 대해 이야기를 나누었다.
  아이들은 남북한 지도자들을 도저히 이해할 수 없다고 했다. 은근히 이 상황을 즐기는 어른들도 보기 싫다고 했다. 왜 그랬을까? 아이들 생각은 간단하지만 틀림없는 것이었다.
  "전쟁은 안 돼요, 전쟁은 모든 것을 불태워요. 이젠 전쟁 대신 평화를 가꾸어요. 모두 함께 손잡아요."
  아이들은 그런 마음으로 시를 쓰고, 손 팻말을 만들었다.
  그해 봄, 곶자왈작은학교 아이들은 비무장지대로 여행을 다녀왔다. 오두산통일전망대, 임진각, 고성통일전망대에서 아이들은 손에 잡힐 듯 북한의 모습을 살필 수 있었다. 남북 사이에 굳게 닫힌 철문을 보며 무척 안타까워했다. 혹시 휴전선 너머 북한 사람들이 들을 수 있을까 해서 오카리나 연주도 했다. 철책에서 멈춘 증기기관차를 끌고 북쪽으로 넘어가는 퍼포먼스도 했다. 그렇게 아이들은 남북 사이의 평화와 통일을 빌고 또 빌었다.

"내가 어른이 되면 굳게 닫힌 철문이 진짜 활짝 열리면 좋겠다. 그래서 서로 한라산과 백두산을 마음대로 오가고, 같이 손잡고 놀면 좋겠다. 걱정 없고 평화로운 세상이 되면 좋겠다."

곶자왈작은학교에서는 2007년부터 '아시아 미래 세대 어깨동무 프로젝트'를 진행하고 있다. 이 프로젝트는 아시아 분쟁 지역의 어린이들이 놀고 쉬며 춤을 추고 책을 읽을 수 있는 평화 도서관을 짓는 데 힘을 보태는 일이다. 아시아 분쟁 지역을 여행하면서 그곳 어린이들과 함께 어울리며 아픔을 나누고 희망을 나누는 일이다. 해마다 한두 차례 어린이 평화 장터를 열어 지금껏 거의 2500만 원을 모았고, 이 기금을 티베트, 바그다드, 아체, 동티모르, 민다나오, 다람살라, 미얀마, 베트남 등에 보냈다.

곶자왈작은학교 아이들은 전쟁이 없는 평화로운 세상을 꿈꾸고 있다. 평화로운 세상을 위해 미래 세대가 할 수 있는 일을 찾는다.

책을 읽고, 영상을 보고, 이야기를 듣고, 직접 현장을 찾고 있다. 그래서 이 책 『선생님이 들려주는 분쟁이야기 2』의 출간이 더욱 반갑고 기쁘다. 아이들이 이 책을 보며 분쟁을 더 깊이 이해하고, 평화의 소중함을 더 깊이 깨달을 수 있을 거라 여겨지기 때문이다.

우리나라 어린이들이 이 책을 읽고 남북의 평화와 통일, 세계의 평화를 꿈꾸고 만드는 'peacemaker'가 되기를 바란다.

― 문용포 • 제주 곶자왈작은학교 대표 교사

:: **저자의 말**

아이들이 살기 좋은 세상

우리가 사는 세상인 지구 마을에는 20억이 넘는 어린이와 청소년이 있어요. 이들은 태어난 곳, 피부색과 종교, 문화와 언어가 서로 달라요. 그렇지만 이들은 지구 마을의 미래를 함께 만들며 살아갈 친구들이죠.

아이들은 누구나 부모의 따듯한 사랑을 받고, 공부하고 놀며 건강하게 자라고, 평화롭게 살아가기를 원해요.

그런데 그런 것이 단지 희망일 뿐인 아이들이 있어요. 분쟁 지역의 아이들이 그래요. 분쟁 지역의 아이들은 생명을 지키며 안전하게 살아나갈 권리, 배고프지 않을 권리, 교육받을 권리 같은 기본적인 권리도 누리지 못한 채 살아가고 있어요.

"싸우지 마!"

어른들이 아이들에게 가장 많이 하는 말이에요.

그렇지만 이런 말을 하는 어른들은 지구 곳곳에서 분쟁을 벌이고 있어요. 민족과 종교가 달라서, 또는 영토나 자원을 차지하기 위해서 서로 싸우고 있는 거예요. 분쟁 지역에 사는 아이들은 어떻게 살고 있을까요?

세계의 분쟁 지역에 살고 있는 아이들은 당연히 누려야 할 권리를 누리지 못하고 살아가고 있어요. 학교에 가서 공부할 수도, 친구들과 맘껏 놀 수도 없어요. 배고픔과 질병, 사랑하는 가족이나 친구와의 이별, 소년병 등 커다란 고통을 겪고 상처를 받아요.

　우리 주변에서는 크고 작은 싸움이 일어나거나 폭력, 차별, 왕따 같은 문제가 생겨요. 이런 일이 생기면 누구나 어려움을 겪게 되어요. 분쟁 지역에서 사는 사람들은 훨씬 더 많은 문제와 어려움을 겪고 있어요.

　주변에서 일어나는 일처럼 다른 나라의 분쟁에 대해서도 관심을 갖도록 해 보아요. 분쟁 때문에 어떤 어려움을 겪고 있는지, 그리고 왜 싸우고 있는지 알아보아요. 그리고 어떻게 하면 분쟁 지역에 사는 친구들을 돕고 지켜 줄 수 있을까 생각해 보아요.

　분쟁으로 모든 것이 부서진 것 같지만 그래도 그곳에서 미래를 꿈꾸며 사는 아이들의 희망, 그것은 바로 평화예요.

　분쟁 지역 아이들의 희망인 평화!

　지금, 이곳에 사는 우리도 함께 꿈꾸고 응원해요. 그리고 그 친구들과 지구 마을 시민으로 평화롭게 함께 살아가요.

　아이들이 살기 좋은 세상이 모든 사람이 살기 좋은 세상이라고 해요. 그런 세상을 우리가 함께 만들어 갔으면 좋겠어요.

-차은숙

PALESTINE

팔레스타인

01

평화의 반대말

Palestine

1. 평화의 반대말

"이번 시간에는 반대말 놀이를 할 거야."
수업이 시작되자 선생님이 말했다.
"우와!"
현서네 반 아이들은 '놀이'라는 말 때문에 먼저 신나서 소리를 질렀다.
"조금 어려울 수도 있어. 그래도 여러분 실력을 믿는다."
이어진 선생님 말에 아이들은 다시 조용해졌다.
"공부의 반대말은?"

선생님 질문에 아무도 손을 들지 않았다.

'공부의 반대말이 뭐지?'

현서는 생각을 해 보았지만 공부의 반대말은 쉽게 떠오르지 않았다.

"여러분이 날마다 공부란 말을 들어서 아주 익숙한 단어일텐데 갑자기 반대말을 말하라고 하니까 어렵나 보구나. 조금 더 생각해 보자."

조금 뒤에 은우가 손을 번쩍 올렸다.

"쉬는 거요."

현서는 은우의 대답이 맞는 것도 같고, 아닌 것도 같았다.

"은우는 공부의 반대말이 쉬는 거라고 하는데, 다른 사람 생각은 어때?"

"학원 안 가는 거요."

현서 옆에 앉은 동관이가 말했다.

선생님은 고개를 끄덕였다.

"여러분은 공부의 반대말을 쉬는 거, 학원 안 가는 거로 생각하네. 또 말해 볼 사람?"

현서도 손을 들었다.

"노는 거요."

선생님은 이번에도 고개를 끄덕였다.

"그래! 모두 잘 말했어. 공부는 배우고 익힌다는 뜻이니까 놀고 쉬는 게 공부의 반대말은 아니지만 반대되는 뜻이기는 해."

"그럼, 반대말이 뭐예요?"

현서가 질문했다.

"공부에는 반대말이 없어. 모든 말에 반대말이 있는 것은 아니야."

현서는 '선생님이 왜 반대말이 없는 문제를 내셨지?'하며 이상하다는 생각이 들었다.

"얘들아, 그럼 평화는 반대말이 있을까? 없을까?"

아이들은 한동안 고개를 갸웃거렸다.

"평화는 반대말이 있어. 뭘까?"

선생님의 질문에 이번에는 아이들 몇 명이 합창하듯이 말했다.

"전쟁이요."

"잘 아는구나. 평화의 반대말은 전쟁, 분쟁이야. 오늘은 평화의 반대말인 분쟁을 통해 평화를 알아보려고 해. 그럼, 우선 평화는 뭘까?"

선생님이 말했다.

"평화는 전쟁이나 분쟁, 폭력, 갈등이 없는 평온한 상태를 말한단다. 사람들은 항상 평화를 원해. 그렇지만 전쟁이 끊이지 않고 일어나지."

선생님이 설명을 계속하는 동안 현서는 얼마 전 엄마, 아빠와 함께 본 뉴스가 떠올랐다.

"선생님, 저는요 평화의 반대가 팔레스타인 같아요."

현서가 말했다.

"현서가 잘 말했어. 현서 말처럼 팔레스타인에서 벌어지는 일들이 평화의 반대라고 할 수 있어. 우리 다 같이 현서가 왜 그렇게 생각했는지 한번 들어 보자."

현서는 자리에서 일어서서 차분하게 말했다.

"얼마 전에 엄마와 아빠랑 함께 뉴스를 보게 되었어요. 뉴스에서는 우리랑 비슷한 또래로 보이는 외국의 어린이가 나왔어요. 그 아이는 자기 머리 위로 매일 폭탄이 떨어지는 곳에 산다고 했어요. 평화는 너무 멀리 있고, 죽음과 고통만 가까이 있대요. 그 애는 어른들은 어린이는 가장 소중한 존재고, 미래라고 말하면서 어린이에게 폭탄을 떨어뜨려 미래를 없애느냐고 말했어요. 저는 그 아이의 인터뷰를 보는 것만으로도 너무 무서웠어요. 그곳이 바로 팔레스타인이었어요."

현서 이야기가 끝나자, 교실은 더없이 조용해졌다.

"그래, 그랬구나. 여러분도 팔레스타인 분쟁에 대해 들어 봤니?"

"……."

"들어 본 사람도 있을 거고 그렇지 않은 사람도 있을 거야. 선생님과 함께 평화의 반대가 되어 버린 팔레스타인에 대해 알아보자."

2. 유대인과 아랍인의 분쟁의 땅

팔레스타인은 지구촌 분쟁과 갈등의 대표적인 지역이야. 유대인과 아랍인의 끊임없는 대립 때문이지.

팔레스타인은 오늘날 이스라엘과 팔레스타인 자치 정부가 자리 잡고 있는 지중해의 동쪽 지역을 가리키는 지명이야. 북쪽으로 레바논과 시리아, 동쪽으로 요르단, 남쪽으로 이집트의 시나이 반도가 접해 있어. 면적은 약 2만6,000km²로 우리나라의 전라북도와 전라남도를 합친 정도의 크기로 아주 작은 지역이야. 팔레스타인 지역은 거의 모든 지역을 이스라엘이 점령하고 있어. 팔레스타인 자치 정부는 요르단 강 서안 지구와 가자 지구만을 차지하고 있지.

현재 이스라엘에는 약 7백만 명이 살고 있는데 이 중 80% 정도가 유대인이고, 팔레스타인인이 18% 정도야. 팔레스타인 자치 정부의 구역에는 약 400만 명의 팔레스타인 사람이 살고 있어. 전체 팔레스타인 지역에 살고 있는 팔레스타인인의 수는 500만 명 정도이고, 이웃 나라에 거주하는 이주민·난민 등을 합한 팔레스타인인 전체 인구는 1천만 명 정도야.

두 나라는 모두 예루살렘을 수도로 정했어. 그러나 예루살렘은 상징적인 수도야. 실질적인 수도는 이스라엘은 텔아비브, 팔레스타인 자치 정부는 요르단 강 서안 지구에 있는 라말라야. 정부 기관이나 외국 대사관 등도 예루살렘이 아니라 텔아비브와 라말라에 있어.

예루살렘은 이스라엘이나 팔레스타인 자치 정부가 수도로 삼을 만큼 중요한 도시야. 예루살렘에는 유일신을 믿는 세계 3대 종교인

예루살렘 크리스트교인의 성지 성묘 교회, 유대인의 성지 통곡의 벽, 무슬림의 성지 바위 돔 사원의 모습

크리스트교, 유대교, 이슬람교의 성지*가 있어. 그래서 매년 세 종교를 믿는 종교인들이 성지 순례를 위해 예루살렘을 찾기도 해. 종교인들은 예루살렘에 가는 것을 평생소원으로 여길 정도야.

예루살렘은 유엔의 팔레스타인 분할 안에서는 유대인과 아랍인 어느 쪽에도 속하지 않은 중립 도시였어.

그런데 1948년 이스라엘이 건국되고 벌어진 이스라엘과 아랍 국가들과의 제1차 중동* 전쟁 이후 맺은 정전 협정에 따라 예루살렘은 동과 서로 나누어지게 되었고, 이스라엘이 서예루살렘, 요르단이 동예루살렘을 차지했어. 1967년 제3차 중동 전쟁 때는 동예루살렘마저 이스라엘이 점령했어.

팔레스타인하면 분쟁이 생각날 정도로 지금도 분쟁이 계속되고 있는 지역이야. 이 지역의 분쟁에는 종교 문제이슬람교 대 유대교, 민족 문제아랍인 대 유대인, 영토 문제 등 다양한 이유가 있지. 특히 강대국의 인위적인 영토 분할과 개입이 중요한 요인이 되었어. 팔레스타인 지역에서 아랍인과 유대인이 왜 싸우게 되었는지 살펴보자.

Tip

유일신을 믿는 세계 3대 종교의 성지

크리스트교 성지: 예수가 십자가를 지고 걸어갔다는 십자가의 길과 예수가 숨을 거둔 곳에 세워진 성묘 교회가 있다.

유대교 성지: 유대인이 최고의 성지로 여기는 통곡의 벽이 있다. 높이 18m의 돌담으로 예루살렘 신전의 일부이다. 유대인들은 매주 금요일 이곳에 모여 기도를 올리고 '예레미야 애가' 등을 부르는데 그 소리가 다른 교도들에게는 울부짖는 것처럼 들리기 때문에 '통곡의 벽'이란 이름이 붙었다.

이슬람교 성지: 통곡의 벽 위쪽 언덕에 있는 황금 사원인 바위 돔과 그 북쪽의 알 아크사 사원이 이슬람교의 성지이다. 바위 돔은 이슬람교 창시자 무함마드가 승천한 곳으로 알려져 있다.

- 중동: 아시아 남서부와 아프리카 북동부 지역을 부르는 말이다. 원래 극동極東·근동近東에 대하여 그 중간 지역을 부르는 말로 쓰였으나, 오늘날에는 아프가니스탄에서 서쪽의 서남아시아와 아프리카 북동부의 이집트, 때로는 리비아까지를 포함하여 중동이라고 부른다. 또 이슬람권·아랍권과 같은 뜻으로 사용되는 경우도 있다.

:: 유대인이 팔레스타인으로 돌아오면서 분쟁이 시작되다

팔레스타인 분쟁은 오랫동안 떠돌아다닌 유대인의 역사와 관련이 있어. 유대인들이 팔레스타인에서 살기 시작한 것은 기원전 13세기경이었어. 이때 유대인들 중 일부는 이집트에서 강제 노동을 하면서 노예처럼 살고 있었지. 그러다가 모세*를 따라 이집트에서 탈출했단다. 팔레스타인으로 돌아온 유대인들은 나라를 세웠고 이들이 세운 나라는 다윗* 왕과 솔로몬* 왕 때 전성기를 맞이했어. 그러나 기원전 6세기경 신바빌로니아 왕국*에 의해 멸망했지.

나라가 멸망하자 유대인들은 바빌론(오늘날의 이라크)으로 끌려가서 노예로 살아야 했어. 그러나 약 50년 뒤에 신바빌로니아가 페르시아에 멸망하자 유대인은 다시 팔레스타인 지역으로 돌아왔지.

기원전 1세기경에는 팔레스타인이 로마 제국의 식민지가 되었어. 이때 팔레스타인 지역에 살던 유대인은 로마 제국의 탄압과 박해를 받으면서 살아야만 했어. 그래서 유대인들은 다시 팔레스타인을 떠나 유럽 각지에 흩어져 살기 시작했단다.

유대인들은 유럽에서 온갖 차별을 받으면서 살았어. 유럽의 나라들은 유대인을 자기 나라에서 추방하기도 했고, 유대인을 유대인 거주 구역인 게토*에서만 살도록 했어. 게토는 높은 벽이나 철조망 등으로 둘러싸였고, 유대인들은 게토 밖으로 함부로 나갈 수 없었어. 19세기에는 유럽에서 민족주의 운동이 일어났는데, 그 영향으로 유대인에 대한 탄압과 박해는 더욱 심해졌지.

유대인은 왜 이렇게 탄압과 박해를 받았을까? 그것은 유대인이 믿는 종교인 유대교*와 관련이 있어. 유대인은 자기 민족이 신에게서 특별히 선택받은 민족이라고 생각했어. 이것은 대부분 크리스트교를 믿는 유럽 사람들과 갈등하는 원인이 되었단다.

유럽에서 유대인들에 대한 탄압과 박해가 심해지자, 유대인들은 유대인들의 민족주의 운동인 시오니즘* 운동을 벌였어. 시오니즘은 '유대인의 조상이 살던 팔레스타인으로 돌아가 유대인의 국가를 건설하자.'는 주장이었어. 시오니즘 운동이 활발해지면서 수많은 유대인들이 팔레스타인으로 이주하기 시작했단다.

그런데 팔레스타인 지역에도 이미 사람들이 살고 있었지. 주로 이슬람교를 믿는 아랍인이었어. 이 지역은 7세기경 이슬람교가 성립되고 나서는 이슬람 왕국이 다스리는 곳이 되었지.

새로 이주해 온 유대인들과 이미 그곳에 살고 있던 사람들은 어떻게 되었을까? 유대인들은 자신들이 정착하기 위해 이미 그곳에 오랫동안 살고 있던 아랍인들을 쫓아내기 시작했어. 바로 이때부터 이미 팔레스타인에서 분쟁이 시작되었던 거지.

Tip

- **모세**: 이스라엘의 종교 지도자이자 민족 영웅이다. 이집트의 파라오와 싸워 이겨서 이스라엘 민족을 해방시키고 야훼로부터 십계명을 받았다.

- **다윗**: 고대 이스라엘의 제2대 왕. 거인 골리앗을 물리친 것으로 유명하다. 예루살렘을 중심으로 유대교를 확립하였다.

- **솔로몬**: 고대 이스라엘의 제3대 왕. '지혜의 왕'으로 알려졌다. 왕국의 전성기를 이룩하여 당시를 '솔로몬의 영화'라고 부른다.

- 신바빌로니아 왕국기원전 625~기원전 539: 메소포타미아의 바빌로니아에 있던 왕국으로 칼데아인이 아시리아 제국을 멸망시키고 세웠다.

- 게토: 중세 이후의 유럽 각 지역에서 유대인을 강제 격리하기 위해 설정한 유대인 거주 지역. 게토는 벽이 둘러지고 그 바깥 지역으로는 저녁부터 아침까지 통행이 금지되었으며, 외출할 때는 모자 또는 두건을 쓰고 윗옷에는 황색의 표지를 하였다.

- 유대교: 천지 만물의 창조자인 유일신야훼을 신봉하면서, 스스로 신에게서 선택받은 민족임을 자처하며 메시아구세주의 도래 및 그의 지상 천국 건설을 믿는 유대인의 종교이다. 유대교의 경전은 '구약성서'이다.

- 시오니즘: 유대인들이 팔레스타인에 유대 민족 국가를 건설하는 것을 목표로 한 유대 민족주의 운동이다. 19세기 후반 동유럽 및 중부 유럽에서 시작되었다. 이것은 고대 예루살렘 중심부의 시온이라는 약속된 땅, 즉 팔레스타인에 대한 유대인과 유대 종교의 민족주의적인 염원에서 비롯되었다. 대표적인 주장자는 헝가리 출신의 오스트리아 작가인 테오도르 헤르츨1860~1904이다.

:: 유엔의 분할안, 팔레스타인 분쟁의 원인이 되다

팔레스타인은 제1차 세계 대전 이전에는 오스만 제국*에 속한 곳이었어. 제1차 세계 대전이 일어나자 팔레스타인은 독일 측에 가담하여 영국과 싸웠지. 영국은 전략적으로 중요한 팔레스타인 지역을 점령했어.

팔레스타인을 점령한 영국은 오스만 제국을 약화시키고 전쟁에서 승리하기 위해 1915년에는 먼저 아랍인들에게 자신들을 도와달라고 했어. 전쟁이 끝나면 아랍인들이 팔레스타인에 아랍인들의 나라를 세울 수 있도록 해 주겠다는 약속을 했지. 이것이 바로 '맥마흔 선언*'이야.

그런데 영국은 1917년에는 유대인에게도 같은 약속을 했어. 전쟁에서 자신들을 도와주면 전쟁이 끝난 다음 팔레스타인에 유대인의 나라를 세울 수 있게 해 준다는 거였지. 이것이 '밸푸어 선언*'이란다.

같은 땅에 두 나라를 세울 수 있도록 하겠다는 약속은 지킬 수 없는 약속이었지. 전쟁이 끝나자 영국은 아랍인과 유대인에게 했던 약속 대신, 오히려 팔레스타인을 영국의 위임 통치 지역으로 만들어 버렸어.

제1차 세계 대전이 끝난 뒤에는 더 많은 유대인들이 팔레스타인으로 이주했어. 그 뒤 제2차 세계 대전이 시작되고 독일의 나치스*가 수백만 명의 유대인을 학살하자 팔레스타인으로 더 많은 유대인이 이주했단다.

팔레스타인으로 이주한 유대인들은 자신들의 마을을 만들어 살기 시작했어. 팔레스타인에 유대인의 마을이 늘어나면서 아랍인들이 살 곳은 그만큼 줄어들었지. 그러자 아랍인들은 유대인이 팔레스타인으로 이주하는 것을 강력하게 반대했어. 그 결과 아랍인과 유대인 사이에는 여러 차례 다툼이 일어났고, 두 민족 간에 갈등은 점점 커져만 갔지.

제2차 세계 대전이 끝난 뒤 영국은 결국 팔레스타인의 아랍인과 유대인의 다툼과 갈등을 해결할 수 없다고 선언했어. 팔레스타인 문제는 유엔으로 넘어갔고, 유엔은 1947년 팔레스타인을 아랍인과 유대인의 두 개의 나라로 나누는 결정을 했어.

이때 팔레스타인 지역에 살고 있던 유대인의 수는 아랍인의 3분의 1정도였고, 유대인이 소유하고 있던 땅은 전체 팔레스타인 영토의 7% 정도였어. 그런데 유엔에서 정한 안은 유대인에게 팔레스타인 전체 영토의 56%를 주는 것이었어. 그러자 곡창 지대의 80%, 아랍인 공장의 40%가 유대인에게 돌아가게 되었어.

이처럼 유엔의 팔레스타인 분할안은 유대인에게 절대적으로 유리했는데, 이 안은 미국의 주도하에 결정되었어. 팔레스타인에 살고 있던 아랍인들은 이러한 유엔의 결정에 대해 거세게 반발하였단다. 반면 유대인은 유엔의 결정을 받아들였지. 아랍인의 반대를 무시하고 결정된 유엔의 팔레스타인 분할안은 이후 아랍인과 유대인의 분쟁의 원인이 되었던 거야.

> **Tip**
>
> - **오스만 제국** 1299~1922: 13세기 말 소아시아 아나톨리아를 중심으로 형성된 튀르크족의 이슬람 국가로 아시아·아프리카·유럽의 3개 대륙에 걸친 광대한 영토를 통치했다. 제1차 세계 대전에서 독일 측에 서서 싸워 패배하고, 터키 혁명 후 1922년에 술탄제가 폐지되고 멸망했다. 이어 터키 공화국이 들어섰다.
>
> - **맥마흔 선언**: 영국 고등 판무관 맥마흔은 1915년 1월부터 1916년 3월까지 10여 차례에 걸쳐 전시 외교 정책의 내용이 담긴 편지를 전달했는데 맥마흔-후세인 서한. 그 내용은 아랍인들이 참전하면 전쟁이 끝난 후 아랍 지역의 독립 팔레스타인 지역의 아랍 국가 건설 포함을 보장해 준다는 것이었다.
>
> - **밸푸어 선언**: 제1차 세계 대전 중인 1917년 영국 외무장관 밸푸어가 제1차 세계 대전 당시 유대인의 지원을 얻어 내기 위해 유대인 로드쉴드에게 편지를 보내 팔레스타인에 유대인을 위한 민족 국가를 수립하는 데 동의한다고 발표한 선언이다. 한편 이 선언은 미국 내 유대인의 환심을 사 미국을 제1차 세계 대전에 끌어들이기 위한 것이었다고 한다.
>
> - **나치스**: 1919년 결성된 독일의 정당으로, 반민주·반공산·반유대주의를 내세웠다. 1939년 제2차 세계 대전을 일으켰으나 1945년 패전과 함께 몰락하였다.

∷ **아랍인과 유대인의 전쟁, 아랍인의 저항 운동**

유엔의 결정을 받아들인 유대인들은 1948년 이스라엘 건국을 선포했어. 분할안을 반대하던 이집트, 요르단, 사우디아라비아, 시리아, 레바논 등 아랍 국가들은 이스라엘을 공격했지. 이스라엘과 아랍 국가들 사이에 전쟁이 일어난 것이란다. 이 전쟁을 제1차 중

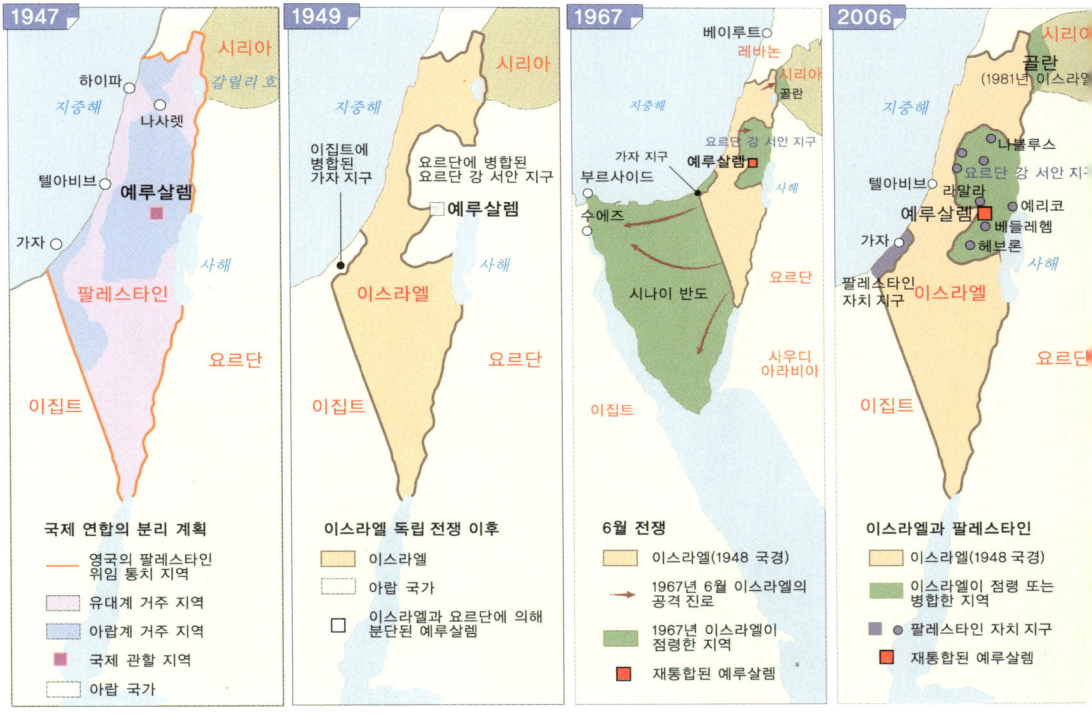

◉ 이스라엘과 팔레스타인의 영토 변화

동 전쟁이라고 하지.

 전쟁이 일어나자 유엔은 아랍 국가들에 대한 무기 수출 금지령을 내렸고, 이스라엘은 미국에게서 막대한 양의 무기를 원조 받았어. 그 결과 이스라엘은 전쟁에서 승리했고, 가자 지구와 요르단 강 서안 지구를 제외한 팔레스타인 땅을 모두 차지했단다. 전쟁 때문에 수많은 팔레스타인의 아랍인들이 죽었으며, 난민이 생겼지.

 팔레스타인의 아랍인들은 조상 대대로 살아 오던 삶의 터전을 빼앗기고 난민이 되어 주변 국가를 떠돌아다니게 되었어. 이후에

도 1974년까지 이스라엘과 아랍 국가들은 여러 번 전쟁을 벌였는데 미국의 적극적인 지원을 받은 이스라엘은 결국 모두 승리했어. 전쟁에서 승리한 이스라엘은 시리아의 골란 고원, 요르단 강 서안 지구, 가자 지구와 시나이 반도를 점령하여 팔레스타인 지역의 대부분을 차지했어. 그리고 점령한 지역에 유대인 마을을 만들고 유대인을 보호한다는 구실로 군대를 머무르게 했어.

자신의 땅을 빼앗기고 난민이 된 팔레스타인의 아랍인들은 여러 조직을 만들어 이스라엘과 싸우기 시작했어. 1964년에는 팔레스타인 해방 기구PLO를 결성했어. 팔레스타인 해방 기구는 팔레스타인 아랍인들의 가장 대표적인 정치 조직이야. 1969년에는 야세르 아라파트*가 팔레스타인 해방 기구 의장으로 선출되었어.

아라파트는 무장 투쟁 조직을 만들어 게릴라전으로 이스라엘에 맞서 싸웠어. 팔레스타인 해방 기구는 1974년 아랍 정상 회담에서 팔레스타인 아랍인의 유일한 합법 기구로 인정받았어. 1988년에 팔레스타인 해방 기구는 팔레스타인 독립 국가 수립을 선언했어. 이듬해에 팔레스타인은 유엔 총회에서 독립 국가로 인정받았지.

팔레스타인의 아랍인들은 이스라엘의 점령에 반대하는 집단적인 무장 시위를 벌였어. 이 시위를 인티파다라고 하는데 1987년

12월 가자 지구 피난민 수용소에서 시작된 인티파다는 팔레스타인 전 지역으로 확산되었어. 인티파다에 대해 이스라엘은 무자비한 진압 작전을 벌였지. 이스라엘의 진압으로 1,000명 이상의 팔레스타인 사람들이 죽었단다.

이후 팔레스타인 사람들은 하마스라는 이슬람 저항 운동 단체를 조직했어. 하마스는 이스라엘에 맞서 무장 투쟁을 벌이면서 빈민가에 학교와 병원을 짓는 등 구호 활동을 벌였어. 그래서 하마스는

팔레스타인 사람들이 가장 지지하는 단체가 되었지. 하마스의 지도자는 아메드 야신*이었는데 야신은 팔레스타인 사람들에게 저항 운동의 상징이자 정신적 지주가 되었어. 그러나 야신은 이스라엘의 로켓포 공격으로 목숨을 잃고 말았지.

> **Tip**
>
> • 야세르 아라파트 1929~2004 : 팔레스타인 해방 기구 PLO의 의장. 1988년 11월 팔레스타인 민족 평의회를 통해 팔레스타인 독립국을 선포하고 서방 외교를 강화해 독립을 승인받았다. 또 1993년에는 이스라엘 총리 라빈과 팔레스타인 자치 원칙 선언을 주요 내용으로 하는 평화 협정을 체결했다. 이러한 공로로 1994년 라빈과 이스라엘 외무장관 페레스와 함께 노벨 평화상을 공동 수상하였다. 팔레스타인 첫 총선이 실시된 1996년 대통령 선거에서 팔레스타인 자치 정부 수반으로 선출되었다.
>
> • 아메드 야신 1936~2004 : 팔레스타인 최대 무장 조직인 하마스 지도자. 1987년 하마스를 창설하여 본격적인 무장 투쟁을 시작하였고 종교 서적 출판, 설교와 연설 등을 통한 대중 조직화 사업을 벌였다. 1989년 하마스 무장 조직을 주도하고 있다는 혐의로 이스라엘군에 체포되어 감옥 생활을 하다가 1997년 석방되었다. 2004년 3월 22일 이스라엘 총리 샤론이 지시한 이스라엘군의 로켓포 공격으로 죽었다.

중동 전쟁

중동 전쟁은 1948년 이스라엘의 건국 이후 1973년까지 네 차례에 걸쳐 이스라엘과 아랍 국가 간에 벌어진 전쟁을 말한다.

제1차 중동 전쟁(1948. 5~1949. 2): '팔레스타인 전쟁'으로 불림. 이스라엘 측은 독립 전쟁 또는 해방 전쟁으로 부른다. 이스라엘이 건국을 선포하자 이집트를 비롯한 아랍 측 약 2만의 병력이 팔레스타인에 침입하여 초기에는 아랍 측이 우세하였으나 미국의 지원을 받은 이스라엘의 공격으로 결국 아랍 측이 패배하였다. 이 전쟁에서 이스라엘은 팔레스타인 지역의 80%를 차지하였고, 100만 명 이상의 팔레스타인 난민이 발생하였다.

제2차 중동 전쟁(1956. 10~1956. 11): '수에즈 전쟁'으로 불림. 이집트의 나세르가 수에즈 운하의 국유화를 선언함으로써 발생되었다. 이집트가 수에즈 운하를 국유화하자 영국과 프랑스, 이스라엘이 이집트를 공격하였다. 이스라엘은 이 전쟁을 통해 시나이 반도의 요충지를 점령하였다. 전쟁은 미국과 소련 1922~1991년 유럽과 아시아 대륙의 북부에 위치하는 러시아를 비롯한 여러 소비에트 사회주의 공화국으로 구성된 최초의 사회주의 연방 국가이 영국과 프랑스, 이스라엘의 공격을 비난하고 국제 여론이 악화되면서 영국과 프랑스, 이스라엘이 점령지에서 군대를 철수시키면서 중단되었다.

제3차 중동 전쟁(1967. 6): 6일 전쟁으로 불림. 시리아, 이집트 연합 세력과 이스라엘 간에 벌어진 전쟁이다. 시리아와 이집트가 군사 동맹을 맺고 주변 아랍 국가들과 협력 체제를 강화하면서 이스라엘에 대해 군사 공격을 준비했으나 이스라엘이 먼저 공격했고, 전쟁은 6일 만에 끝났다. 이스라엘은 이 전쟁에서 시나이 반도, 골란 고원, 가자 지구, 요르단 강 서안 등 본토의 5배에 달하는 광대한 지역을 점령하는 대승을 거두었다.

제4차 중동 전쟁(1973. 10~1973. 11): 이집트와 시리아가 연합하여 이스라엘을 기습적으로 공격함으로써 일어났다. 이스라엘은 초기에는 밀렸으나 골란 고원에서 승리한 뒤 시나이 반도의 이집트군을 집중 공격함으로써 전쟁을 유리하게 전개하였다. 이러한 상황에서 1973년 10월 28일 유엔이 군대를 수에즈 지역에 파견하였고, 그해 11월 11일 이집트와 이스라엘이 휴전 협정을 체결함으로써 전쟁은 이스라엘에 유리하게 끝났다.

3. 하늘만 열린 감옥

현재 팔레스타인 사람들이 사는 곳은 온통 장벽으로 둘러싸여 있어. 팔레스타인 사람들이 사는 곳은 마치 과거 유럽 국가들이 유대인들을 격리시켰던 게토와 비슷해.

팔레스타인 사람들은 이스라엘의 공습에 맞서 자살 폭탄 공격 등 목숨을 걸고 저항했어. 이스라엘은 팔레스타인 사람들의 저항이 계속되자, 2002년부터 이스라엘과 팔레스타인 사람들의 거주 구역 사이에 콘크리트와 철조망으로 분리 장벽을 세우기 시작했단다.

이스라엘은 이 분리 장벽을 팔레스타인 사람들의 테러로부터 자신들의 안전을 지키기 위해 세운 보안 장벽이라고 했어. 장벽은 전체 길이가 700km가 넘어. 폭이 100m, 높이가 8m나 되는 곳도 있지. 장벽에는 감시탑과 검문소를 세우고 팔레스타인 사람들이 마음대로 드나들 수 없도록 철저히 감시하고 있어. 검문소를 지나려면 이스라엘 정부가 발행한 허가증이 있어야만 해. 이스라엘이 세운 분리 장벽 때문에 팔레스타인 자치 구역은 팔레스타인 사람들을 가둔 거대한 감옥으로 변했단다. 국제사법재판소와 유엔은 이 분리 장벽을 불법이라고 판정하고 철거를 요구했지만 이스라엘은 자

▎팔레스타인 분리 장벽

신들의 안전을 위해서는 어쩔 수 없다는 입장이야. 분리 장벽 때문에 요르단 강 서안 지구와 가자 지구의 팔레스타인 사람들은 서로 자유롭게 왕래를 할 수가 없어.

  가자 지구는 이스라엘의 봉쇄가 특히 심해. 그래서 가자 지구는 '하늘만 열린 감옥'이라고도 한단다. 가자 지구는 서쪽이 지중해인데, 팔레스타인 사람들이 바다로 나가는 것마저 통제하고 있어. 가자 지구는 생활필수품이 부족해서 외부에서 들여와야만 하는데

사방이 모두 막혀 있어 외부에서 생활필수품을 들여오는 것도 어려워.

가자 지구를 막고 있는 이스라엘 때문에 팔레스타인 사람들은 이집트 쪽으로 지하 터널을 만들었어. 2006년 이후 1,000여 개의 터널이 만들어진 것으로 추정하고 있어. 팔레스타인 사람들은 필요한 물품을 이집트에서 구입해 지하 터널로 들여와 생활하고 있지. 이스라엘은 이 터널들을 팔레스타인 사람들이 불법으로 무기를 들여오는 통로라고 보고 터널을 파괴하기 위해 터널 주변을 공격하여 많은 사람들을 죽였어.

한편 국제 평화 활동가들이 팔레스타인 사람들을 돕기 위해 생활필수품을 실은 배를 가자 지구로 보내기도 했어. 그러나 이스라엘은 배의 통행을 막고 있으며 심지어 2010년 이스라엘은 구호 물품을 실은 배를 공격하기도 했어. 이스라엘의 공격으로 배에 타고 있던 국제 평화 활동가들이 죽기도 했단다.

가자 지구는 하마스가 장악하고 있어. 이스라엘은 하마스를 불법 테러 단체라고 규정하고 2008년 이후로는 하마스의 본부가 있는 가자 지구를 집중적으로 공격하고 있어. 이스라엘의 공격은 민간인, 어린이와 노약자를 가리지 않았어. 심지어 이스라엘은 가자

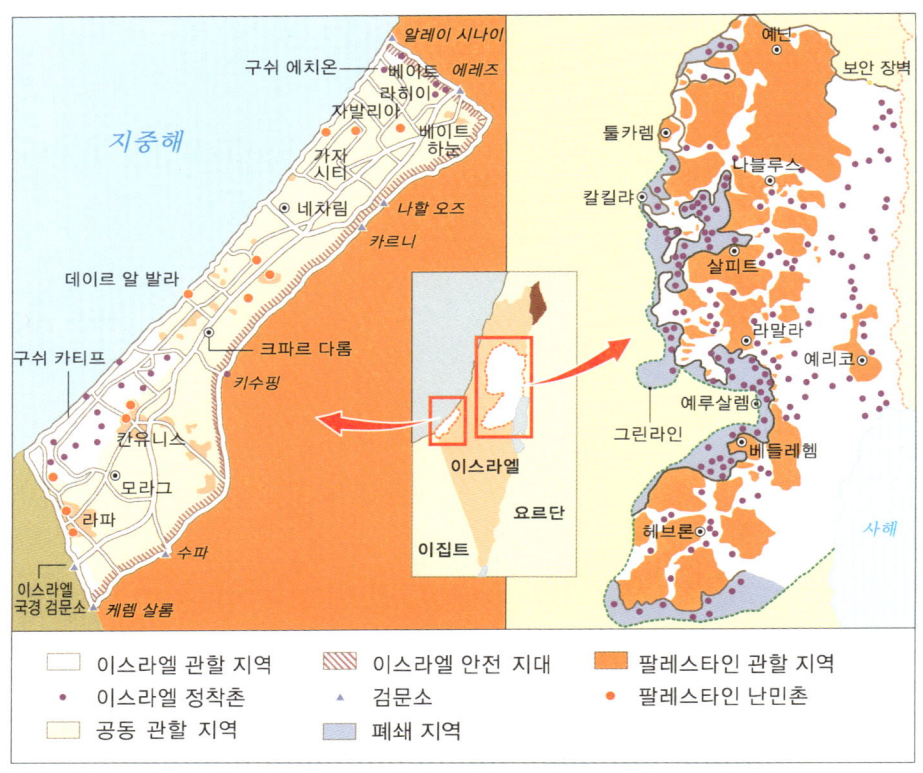

◉ 두 개의 팔레스타인, 하마스의 가자 지구와 파타의 요르단 강 서안

지구 내 난민촌의 유엔 학교까지 공격해서 많은 사람들이 죽기도 했단다. 가자 지구에서 안전한 곳은 어디에도 없어.

4. 평화는 어디에 있어요?

"선생님, 예루살렘은 이 세상에서 가장 평화로워야 하는 곳 아니예요?"

선생님의 설명을 들은 현서가 말했다.

"맞아요! 이슬람교, 크리스트교, 유대교 세 종교의 성지가 있는 곳이잖아요."

은우도 말했다.

"그래, 모든 종교에서는 평화와 생명을 가장 소중하게 여기지. 그러니까 예루살렘은 여러분 말대로 가장 성스럽고 평화로운 곳이어야해. 그런데 예루살렘은 그 반대인 전쟁과 폭력이 멈추지 않는 가장 위험한 도시지. 정말 슬프고도 안타까운 일이야."

선생님은 잠시 동안 아무 말도 하지 않고 창밖을 쳐다보았다.

"선생님, 팔레스타인에 사는 아이들은 학교는 어떻게 다녀요?"

은우가 선생님께 물었다.

"분쟁 지역에 사는 아이들은 대부분 학교에 다니지 못한단다. 뿐만 아니라 친구들과 노는 것조차 힘들지."

"그럼, 아이들은 무엇을 해요?"

은우가 다시 질문했다.

"뭘 하느냐고? 날마다 폭격을 피해 대피소로 달려가고, 폭격이 없으면 다시 집으로 돌아오는 일을 반복해. 폭격으로 가족과 친구가 죽거나 다치는 일도 많지. 항상 생명이 위험하단다."

선생님 이야기에 현서네 반 아이들은 전에 없이 조용히 했다.

"선생님, 유엔이나 다른 나라에서는 팔레스타인 지역이 평화를 찾도록 도와주지 않아요?"

동관이가 물었다.

"팔레스타인 분쟁이 계속되면서 여러 나라들이 평화를 위한 노력을 계속하고 있단다. 1979년에는 이집트와 이스라엘이 '캠프 데이비드 협정*'을 맺었어. 협정 이후 이스라엘은 점령지인 시나이 반도에서 철수했지. 1993년과 1995년에는 이스라엘의 라빈 총리와 팔레스타인 해방 기구의 아라파트 의장이 '중동 평화 협정*'을 맺었어. 1993년 협정에서는 이스라엘에 대한 테러 중단, 팔레스타인 자치 정부의 수립, 이스라엘군의 철수 등을 약속했어. 1995년 협정에서는 가자 지구와 요르단 강 서안 지역에 팔레스타인 자치 정부를 출범시키기로 했고 그 결과 1996년에는 총선거가 실시되고 아라파트를 대통령으로 하는 팔레스타인 자치 정부가 구성되었어."

"선생님, 그런데 팔레스타인에서는 왜 아직도 싸움을 계속하고 있어요?"

"평화 협정은 잘 지켜지지 않았어. 양쪽에서 모두 평화 협정을 반대하는 사람들도 있었지. 1995년에는 평화 협정을 반대했던 이스라엘의 극우파 사람들이 중동 평화 협정을 맺었던 이스라엘의 라빈 총리를 암살하기도 했어. 1996년에는 팔레스타인의 하마스가 이스라엘에 대해 자살 폭탄 공격을 하기도 했지. 1996년 이스라엘의 총리가 된 네타냐후는 이스라엘군이 철수하는 것을 반대했

▮ 미국 백악관 앞에서 벌어진 이스라엘의 공격에 대한 규탄 시위

단다."

조금 복잡한 선생님의 설명이 계속되었다.

"여러분, 유대인과 아랍인이 분쟁을 끝내고 팔레스타인이 평화롭게 되는 게 무척 어려워 보이지?"

"네."

아이들이 힘없는 목소리로 대답했다.

"2003년에는 미국, 이스라엘, 팔레스타인이 '중동 평화 계획*'에 서명했어. 그 뒤 이스라엘은 2005년 가자 지구에서 철수했지. 그런데 2006년 팔레스타인 총선거에서 하마스가 승리하여 팔레스

나지의 카툰 1987년 암살당한 팔레스타인의 '나지 알 알리'의 그림은 이스라엘의 점령과 그에 대항한 처절한 투쟁의 역사를 보여 준다. 독자에게 뒷모습을 보이고 그림을 바라보는 꼬마는 그의 조국 팔레스타인에서 추방당한 자신의 어릴 적 모습을 형상화한 것으로 나지는 이 캐릭터에 '한잘라'라는 이름을 붙였다.

타인 자치 정부의 다수당이 되었어. 그러자 이스라엘과 미국 등은 팔레스타인 자치 정부의 하마스 정권을 인정하지 않고 팔레스타인에 대해 경제적으로 제재를 했어. 결국 팔레스타인은 강경파와 온건파 간 싸움이 벌어져 가자 지구는 강경파인 하마스, 요르단 강 서안 지구는 온건파인 파타당*이 이끄는 두 개의 정부가 들어섰단다. 현재 국제 사회와 이스라엘은 파타당이 이끄는 요르단 강 서안 지구의 정부만을 인정하고 있어. 그래서 이스라엘과 가자 지구의 하마스와는 분쟁이 끊이지 않고 있지."

"선생님, 너무 복잡하고 어려워요. 평화는 어디에 있는 거예요?"

현서가 후유 한숨을 쉬면서 물었다.

"그러게. 모든 사람들이 평화를 바라는데도, 평화가 멀기만 하네. 선생님도 지금처럼 긴 설명을 하지 않고, 예루살렘은 '사랑과 평화'의 도시라고 말하는 날이 왔으면 좋겠어."

"팔레스타인 아이들도 우리처럼, 학교에 다니고 신나게 놀기도 하고 웃는 날이 왔으면 좋겠어요."

은우가 큰 소리로 말했다.

"평화는 사람들의 마음속에서 시작된다고 해. 평화를 바라는 사람들이 많아질수록 평화가 오는 날도 가까워질 거야. 우리도 멀리 서라도 팔레스타인에 평화가 찾아오기를 바라자."

선생님의 말에 아이들 모두 고개를 끄덕였다.

 Tip

- 캠프 데이비드 협정: 1978년 중동 평화를 위해 미국 캠프 데이비드에서 맺은 미국·이집트·이스라엘 간 협정이다. 협정 이후 이집트와 이스라엘의 평화 조약 교섭이 진행되어 1979년 평화 조약이 조인되었고, 1982년 이스라엘이 점령했던 시나이 반도를 이집트에 반환하였다. 1978년 말 협정 당사자였던 사다트 이집트 대통령과 베긴 이스라엘 총리는 노벨 평화상을 수상하기도 했다.

- 이차하크 라빈 1922~1995: 1992년 이스라엘 총리가 되어 1993년 9월 팔레스타인 해방 기구 의장 야세르 아라파트와 팔레스타인 자치 원칙 선언을 체결했으며, 이어 요르단 국왕 후세인 1세와의 정상 회담으로 46년간의 적대 관계를 청산하고 중동의 긴장 완화 시대를 열었다. 이러한 공로로 1994년 아라파트와 이스라엘 외무장관 페레스와 함께 노벨 평화상을 공동 수상했으나, 1995년 극우파 청년에게 암살당했다.

- 중동 평화 협정: 1993년 이스라엘의 라빈 총리와 팔레스타인 해방 기구의 아라파트 의장이 만나 합의한 협정이다. 협정의 주 내용은 팔레스타인 자치와 선거, 과도기 협정, 이스라엘군의 재배치와 철수, 유대인 정착촌, 난민 문제 등이다. 1995년에는 2차 협정이 이루어졌다. 그 결과 이스라엘은 점령지에서 철군을 시작했고 팔레스타인은 1996년 2월 잠정 자치 정부를 본격 출범하게 되었다.

- 베냐민 네타냐후 1949~: 이스라엘의 정치인이다. 리쿠드당 소속으로 1996년부

터 1999년까지 제9대 총리를 지냈으며 2009년에 다시 총리에 임명되었다. 팔레스타인에 대한 강경 정책을 취했다.

• 중동 평화 계획: 미국과 유엔, 러시아, 유럽 연합EU 등이 이스라엘과 팔레스타인 사이의 분쟁을 없애기 위해 작성한 중동 평화안이다. 주요 목적은 이스라엘과 팔레스타인의 분쟁을 끝내고, 2005년까지 팔레스타인 독립 국가를 창설함으로써 궁극적으로는 중동 지역의 평화를 정착시키는 것이다.

• 파타당: 팔레스타인 해방 기구의 주요 세력이다. 1957년 아라파트를 중심으로 조직되었다. 1996년 팔레스타인 자치 정부 수립 이후 정권을 잡았으나 2006년 총선에서는 하마스에게 정권을 넘겨줬다. 팔레스타인 자치 정부 수립 뒤에는 이스라엘이 장악한 가자와 요르단 강 서안 지역에 독립 국가를 건설하기 위해 이스라엘과 협상을 추진하였다.

IRAQ & IRAN

이라크와 이란

02
석유, 검은 황금일까 검은 눈물일까?

Iraq & Iran

1. 검은 황금

"시현아, 오늘은 엄마가 학원에 데려다 줄게."

비 내리는 창밖을 보며 엄마가 말했다.

"엄마, 그냥 갈게요. 비가 많이 오지도 않는데요, 뭘"

"비만 오면 차로 학교 앞까지 데려다 달라고 조를 때는 언제고?"

"자동차는 석유로 움직이잖아요."

시현이는 수업 시간에 배운 석유 이야기를 떠올리며 말했다.

"우리 시현이가 웬일이야?"

"엄마, 선생님이 그러는데 요즘은 석유 없이는 살 수가 없대요. 그런데 우리나라에서는 석유가 한 방울도 나지 않아서 아껴야 한대요."

"그래, 석유가 안 쓰이는 곳이 없으니까 석유 없이는 살 수가 없지."

"석유는 자동차, 기차, 비행기 같은 교통수단을 움직이는 연료로 쓰이는 거 아니에요?"

"맞아. 그뿐 아니라 석유는 네가 지금 쓰고 있는 컴퓨터, 학용품, 가방, 신발을 만들 때도 써. 또 장난감, 옷, 가전제품, 가구, 스포츠용품, 화장품, 의약품 등 수많은 곳에 사용한단다. 전기를 만들고, 음식을 익히고, 물을 데우고, 집 안을 따뜻하게 하는 것도 석유지."

"사람들이 석유를 입고 먹기도 한대요. 그런데 어떻게 석유를 입고, 먹지요?"

"사람들이 석유를 입고, 먹는다는 말도 맞단다. 우리가 입는 대부분의 옷이 석유가 원료인 합성 섬유로 만들어지기 때문이지. 뿐만 아니라 우리가 먹는 비타민이나 의약품도 석유를 원료로 해서 만들어지는 것이 많고."

"엄마, 요즘에는 석유가 꼭 필요한데 옛날에는 어땠어요?"

"옛날 사람들도 석유에 대해 알고 있었어. 그리스 사람들은 돌에 고여 있는 검은 기름을 보고 석유石油, 즉 돌 기름이라고 불렀어."

"돌 기름이요?"

"응. 바위틈에서 흘러나온 기름이라고 해서 붙여진 이름이야. 석유는 대부분 바다 밑이나 땅속 깊은 곳에 있었고, 자연적으로 땅 위로 솟아나는 석유는 아주 적었어. 이 기름에 불이 잘 붙는다는 성질을 알고 등잔에 넣어 사용하기도 했지."

"옛날에는 석유가 아주 귀했겠네요?"

"그래. 석유는 땅속 깊이 있기 때문에 끌어 올려야 하는데 옛날에는 그런 기술이 없었단다. 그래서 석유를 제대로 이용하지 못했지."

"그럼, 석유는 언제부터 많이 이용되었어요?"

"사람들이 석유를 많이 이용하기 시작한 건 150년 전쯤이야. 그 시기에 땅을 깊이 파내는 기계를 만들어 석유를 시추하는 데 성공했거든. 그리고 석유에서 등유를 분리해서 불을 밝히는 데 많이 사용하기 시작했지. 하지만 그때만 해도 석유가 오늘날처럼 쓰이게 될 줄은 몰랐을 거야."

"왜요?"

"석유를 정제하는 기술이 없었기 때문이야. 정제 기술은 원유를 분류하는 기술이야. 땅속에서 나온 기름 그대로를 원유라고 해. 원유는 그대로 사용할 수는 없어. 그래서 옛날 사람들이 잘 사용하지 못한 거야. 원유에는 유황, 질소 등 해로운 성분이 들어 있기 때문에 정제를 통해 불순물을 없애야만 한단다. 그리고 높은 온도에서 끓여 서로 다른 종류인 액화 석유 가스, 등유, 경유, 휘발유와 나프타 등으로 석유를 분리해야 하고 이 중 나프타는 옷이나 플라스틱 제품을 만들 때 원료로 쓰이지. 오늘날에는 석유를 발견하고, 끌어 올리는 기술, 정제 기술 등이 모두 엄청나게 발전했지."

"네. 그래서 석유가 많이 나오는 나라들은 엄청난 부자 나라가 되었죠?"

"석유가 나는 나라를 산유국이라고 하는데, 이 나라들은 석유 생산으로 엄청나게 많은 돈을 벌었지."

"석유 왕 록펠러*도 있잖아요?"

"시현이가 잘 알고 있네. 록펠러는 부자하면 떠오르는 사람이지. 그는 석유로 어마어마한 부자가 되었어. 그래서 석유는 '검은 황금'이라고도 불려."

"엄마, 자동차도 늘어나고, 물건도 계속 많아지면서 석유는 더 필요하게 되겠네요?"

"오늘날은 석유 없는 세상을 상상할 수 없어. 오히려 석유가 더욱 필요하게 되었지. 그런데 석유가 무한정 있는 것은 아니기 때문에 사람들은 석유를 둘러싸고 다투고 전쟁까지 벌이게 된단다."

"석유 때문에 전쟁이 일어난다고요?"

"그래, 특히 석유가 많이 매장되어 있는 중동 지역은 분쟁이 끊이지 않았어. 중동 지역에서 사람들이 왜 싸우는지 한번 알아보자."

• 록펠러 1839 ~ 1937: 석유 왕으로 불리는 록펠러는 미국 역사상 최고 부자로 꼽히는 인물이다. 록펠러가 세운 정유 회사인 스탠더드 오일사는 1881년 미국에서 생산되는 석유의 95%를 독점하였다. 석유 사업에서 생긴 거액의 이윤을 광산, 산림, 철도, 은행 등에 투자하여 거대 자본을 형성하였다. 재계에서 은퇴한 뒤 시카고 대학과 록펠러 재단을 설립하였으며, 교육 및 의학 연구 후원과 자선 사업을 하였다.

2. 세계의 화약고, 중동

중동은 세계의 화약고라고 불려. 화약고란 전쟁이 일어날 위험이 높은 지역이라는 뜻이지.

중동은 서남아시아와 북아프리카 지역을 일컫는 말이야. 동쪽으로는 아프가니스탄과 이란, 서쪽으로는 북아프리카의 모로코와 모리타니, 북으로는 터키, 남으로는 수단에 이르는 지역이지. 중동 지역에는 바레인, 이집트, 이란, 이라크, 이스라엘, 요르단, 쿠웨이트, 레바논, 오만, 팔레스타인, 카타르, 사우디아라비아, 시리아, 터키, 아랍에미리트, 예멘 등 여러 나라들이 있어. 20세기 초까지만 해도 이 지역은 대부분 오스만 제국이 지배하는 곳이었어. 그런데 영국과 프랑스 등 강대국들이 20세기 초 이 지역을 점령하고 인위적으로 국경선을 그어 새로 생긴 나라들이 많아.

중동 지역은 이집트 문명*과 메소포타미아 문명* 등 고대 문명의 발상지야. 뿐만 아니라 세계 3대 유일신 종교인 유대교, 크리스트교, 이슬람교가 탄생한 지역이지. 그래서 고대 문명 및 종교와 관련된 문화유산이 많단다.

중동 지역은 이슬람교를 믿는 나라들이 많아. 이슬람교는 7세기경 무함마드가 창시한 종교인데, 이후 이슬람 제국이 세워져 중동 지역의 대부분 사람들이 이슬람교를 믿게 되었어. 그런데 이슬람교는 무함마드가 죽은 뒤 무함마드의 후계자 자리를 놓고 다투면서 수니파*와 시아파*로 나뉘어졌어. 수니파와 시아파는 지금도 상대편을 인정하지 않고 서로 자신들만이 옳다고 다투고 있지.

중동 지역의 3대 주요 민족은 아랍인, 터키인, 이란인이야. 이 민족들은 오랫동안 주도권을 잡기 위해 경쟁했어. 그리고 이 지역에는 나라 없는 세계 최대의 민족인 쿠르드족이 살고 있단다. 쿠르드족은 터키, 이란, 이라크, 시리아 등에 살고 있는데 자신들이 살고 있는 나라로부터 탄압받고 있지. 그래서 지금도 쿠르드족은 독립국가를 세우기 위해 독립운동을 벌이고 있단다.

중동 지역이 세계의 화약고가 된 이유는 무엇보다도 석유 때문이야. 중동 지역은 석유 자원이 풍부해. 특히 페르시아 만 지역은 세계적으로 석유 자원이 풍부한 곳이야. 페르시아 만 지역은 세계 석유 생산량의 30%, 세계 석유 수출의 40%, 세계 석유 매장량의 60% 이상을 차지하고 있어. 그래서 중동 지역에서도 특히 페르시아 만 지역에서 분쟁이 많아.

석유 자원을 개발하기 위해서는 엄청난 자금이 필요해. 그렇지만

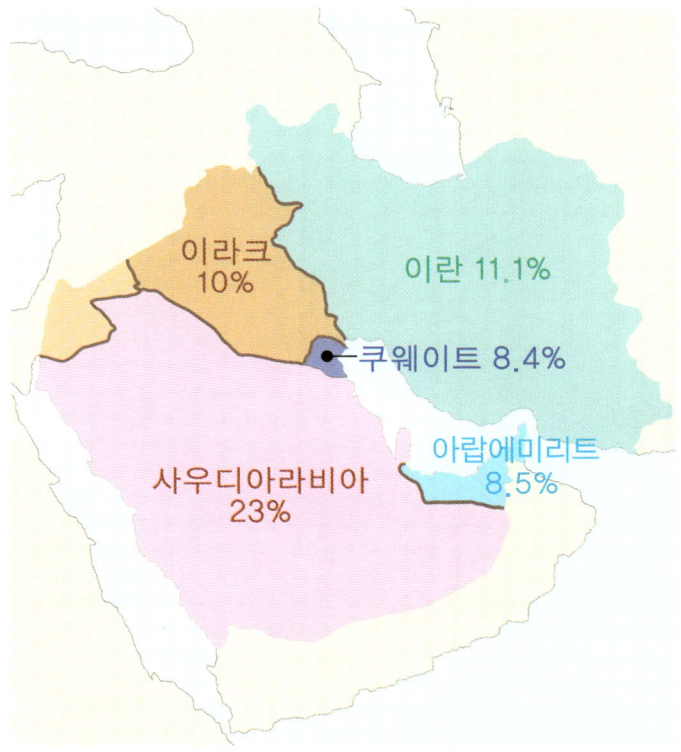

◉ 중동 지역에 세계 석유의 60% 이상이 매장되어 있다.

석유를 판매해서 남는 이익은 훨씬 커. 그래서 초기에는 자금과 기술을 가진 영국 등 서방 국가들이 이 지역의 석유 개발권을 차지하기 위해 다투었어. 이제는 중동 지역의 산유국들과 서방 국가들이 석유 이권을 어떻게 나눌 것인가에 대해 다투고 있어. 뿐만 아니라 산유국인 중동 지역의 나라들끼리 더 많은 석유 자원을 차지하기 위해 영토 분쟁을 벌이기도 한단다.

Tip

- **이집트 문명**: 나일강 유역에서 형성된 문명이다. 이집트는 폐쇄적 지형 때문에 오랫동안 통일을 유지할 수 있었으며, 전제 군주인 파라오가 통치하였다. 다신교를 섬겼으며, 상형 문자, 파피루스를 발명하였고 태양력, 측량술, 역학적 지식, 의학이 발달한 문명이었다.

- **메소포타미아 문명**: 메소포타미아 문명은 티그리스 강과 유프라테스 강 유역을 중심으로 번영한 고대 문명이다. 이집트 문명, 인더스 문명, 황허 문명 등과 더불어 세계 4대 문명의 하나이다. 서남아시아 전체의 고대 문명을 메소포타미아 문명이라고도 한다.

- **수니파, 시아파**: 수니파와 시아파는 이슬람교 창시자 무함마드가 죽은 후 이슬람 공동체의 수장인 칼리프를 선출하는 과정에서 형성됐다. 수니파는 초기 4명의 칼리프를 모두 정통으로 인정한 반면, 시아파는 무함마드의 사위인 4대 칼리프 알리만을 정통으로 본다. 전 세계 무슬림 인구의 80~90%가 수니파, 나머지는 시아파로 추정된다.

3. 이란과 이라크 지역의 분쟁

:: **중동의 패권 경쟁, 이란 - 이라크 전쟁**

　페르시아 만 지역에 있는 이란과 이라크는 오랫동안 다투었어.

　이란은 옛날에는 '페르시아'라고 불렸는데, 1935년에 '아리아인의 나라'라는 뜻의 이란으로 나라 이름을 바꾸었어. 이란 지역에 있었던 고대 페르시아 제국은 서남아시아는 물론 유럽, 아프리카 일부 지역까지 다스린 대제국이었어. 그러나 7세기경 사산 왕조 페르시아가 이슬람교도들의 침략으로 멸망하고 이란은 이슬람 세력이 다스리는 나라가 되었지.

　이라크는 4대 문명 중 하나인 고대 메소포타미아 문명이 발전했던 곳으로 수메르, 바빌로니아, 아시리아 등 고대 왕국이 세워졌던 곳이야. 7세기경 이슬람 세력이 다스리는 나라가 되었고, 16세기경 오스만 제국의 속주가 되었고, 제1차 세계 대전 후 영국의 위임 통치령이 되었다가 1932년 독립하였지.

　두 나라는 국경선 문제로 오랫동안 다투었어. 두 나라 사이에 '샤트알아랍(아랍의 강) 강'이 있어. 이 강은 이라크 남부에서 유프라테스 강과 티그리스 강이 합류하여 이란과 이라크 국경을 따라 페르시아 만으로 흘러가는 강이야.

이 강에는 두 나라의 석유 수출항이 있어서 두 나라 모두가 매우 중요하게 여기는 곳이야. 이란과 이라크는 세계적으로 석유를 많이 수출하는 나라여서 페르시아 만으로 가는 항구는 매우 중요하지.

그렇기 때문에 이란과 이라크는 샤트알아랍 강의 수로를 차지하기 위해 오랫동안 분쟁을 벌였단다. 그러다가 1975년에 와서야 두 나라의 국경선을 샤트알아랍 강의 중앙으로 정했지.

1979년 이란에서는 이슬람 혁명*이 일어나 친미 팔레비 왕조가 몰락하고 이슬람 원리주의*자인 호메이니*가 집권했어.

이때 이라크에서는 사담 후세인*이 대통령으로 취임했어. 대통령이 된 후세인은 이란이 혁명으로 혼란한 틈을 타서 1980년 9월 이란을 공격하면서 전쟁을 일으켰어. 이 전쟁이 바로 이란-이라크 전쟁이야. 이 전쟁은 8년 동안이나 계속되었어. 전쟁의 명분은 샤트알아랍 수로에 대한 영유권 문제였어. 이라크는 샤트알아랍 수로 전체가 이라크의 영토에 속한다고 주장했지.

이란-이라크 전쟁은 샤트알아랍 수로의 영유권 문제 때문에 일어났지만, 사실은 중동 지역의 복잡한 종교·정치적 대립과 석유 자원을 둘러싼 강대국들의 이해관계가 얽혀 있었어.

이란과 이라크는 모두 이슬람교를 국교로 하고 있는 나라지만, 종파가 달라. 이란은 시아파가 다수이고 집권 세력도 시아파야. 반면 이라크는 시아파가 다수이지만 소수파인 수니파가 오랫동안 집권을 했지.

당시 이라크의 시아파는 수니파 후세인 정부에 반대했어. 그런데 이란의 호메이니는 이라크의 시아파를 지원했지. 이라크의 후세인 대통령은 시아파의 반정부 활동을 막고 이슬람 혁명의 확산을 막을 필요가 있었어. 이라크가 전쟁을 일으킨 원인에는 이런 수니파와 시아파 간의 갈등도 있었단다.

전쟁이 계속되면서 군사적으로 우세했던 이란이 이라크 영토로 진입하게 되었어. 당시 주변의 아랍 국가들은 이란의 이슬람 혁명이 자기 나라에도 일어날까봐 두려워했어. 주변의 아랍 국가들은 이라크를 지원했지.

미국 역시 자신들을 반대하는 이란 혁명을 싫어했단다. 미국은 이란-이라크 전쟁이 중동 지역에서 자신들의 원유 수송 안전을 위협한다는 구실로 이라크를 지원하면서 전쟁에 개입했어. 이란-이라크 전쟁 때 이라크는 이란을 공격하면서 사린가스와 겨자가스 등 화학 무기를 무차별 사용해 수많은 사람이 피해를 입었어. 이란-이라크 전쟁 때 화학 무기에 노출된 사람들은 아직까지도 고통을 받고 있지.

전쟁은 유엔의 중재로 끝났어. 8년 동안의 전쟁으로 두 나라는 100만 명 이상의 인명 피해와 1억 달러 이상의 물적 피해를 입었어. 두 나라는 전쟁 전으로 국경선을 결정하기로 했어. 그러나 샤트알아랍 수로를 둘러싼 충돌은 최근까지도 계속되고 있단다.

Tip

- 이슬람 혁명: 1979년 2월 이란에서 일어난 혁명이다. 이슬람 시아파 종교 지도자인 호메이니를 중심으로 팔레비 왕조를 무너뜨린 혁명이다. 혁명으로 이슬람 원리주의에 입각한 이란 이슬람 공화국이 탄생하였다.

- 이슬람 원리주의: 이슬람 근본주의라고도 한다. 이슬람 교리를 정치·사회 질서의 기본으로 삼아 이슬람교의 원점으로 돌아갈 것을 주장하는 운동. 철저한 율법 준수, 반反외세, 특히 반反서양 문명·반미反美를 특징으로 하고 있다. 현재의 세속 정권을 무너뜨리고 이슬람교 경전인 코란을 헌법으로 삼는 이슬람 공화국의 창설을 최대 목표로 한다.

- 호메이니 1902~1989: 이란의 종교가, 정치가, 이란 혁명의 최고 지도자. 왕정을 부정하고 이란의 서구화·세속화 정책에 반대하였다. 팔레비 왕조의 정책에 반대하다가 터키로 망명하여 이란 혁명을 주도하였다. 혁명 후 최고 지도자로 이란을 통치하였다.

- 사담 후세인 1937~2006: 1979년 이라크의 대통령에 취임하였다. 1980년 이란-이라크 전쟁을 일으켰고, 1990년 쿠웨이트를 기습 점령하여 걸프 전쟁을 일으켰지만 패배하였다. 2003년 이라크 전쟁에 패하여 바그다드 교외로 도주하였지만 미군에 체포되어 전범 재판에 회부되어 2006년 12월 사형당했다.

- 화학 무기: 독가스와 같이 유독 화학 물질을 사용하여 사람을 살상하거나 초목을 말라죽게 만드는 무기이다. 신경 가스 타푠, 미란성 가스 이페리트, 질식 가스 염소, 혈액 가스 청산, 재채기 가스 애덤사이트, 최루 가스 CS, 정신 착란 가스 BZ 등이 있다.

:: **이라크의 쿠웨이트 침공, 걸프 전쟁**

이라크는 쿠웨이트와도 오랫동안 국경 문제로 다투었어. 1961년 쿠웨이트가 영국으로부터 독립을 선포하자 이라크는 쿠웨이트에 대한 영유권을 주장했어. 쿠웨이트는 영국의 식민지가 되기 이전에는 오스만 제국의 바스라 주에 속한 곳이었어. 바스라 주는 오늘날 이라크의 영토야. 그래서 이라크는 쿠웨이트가 이라크의 영토에 속한다고 주장한 거지. 그 뒤에도 이라크는 계속해서 쿠웨이트가 자기 땅이라면서 분쟁을 일으켰어.

이란-이라크 전쟁이 끝난 지 2년 뒤인 1990년 이라크는 쿠웨이트를 침공했어. 이라크는 침공한 지 5시간 만에 쿠웨이트를 점령했어. 이때 이라크가 쿠웨이트를 공격한 명분은 쿠웨이트에 대한 영유권이었어.

그런데 이라크가 전쟁을 일으킨 실질적인 이유는 다른 데 있어. 당시 이라크는 경제가 매우 어려웠단다. 8년 동안 이란-이라크 전쟁을 치렀고, 유가가 계속 떨어지고 있었기 때문이지. 전쟁으로 많은 사람이 죽고, 먹고 살기가 어려워지니까 국민들의 불만이 커졌어. 또 남부 지역의 시아파 세력과 북부 지역의 쿠르드족은 후세인 정권에 반대했지. 후세인은 국민의 불만을 다른 데로 돌리고, 정권

◉ 중동의 분쟁 지역

을 계속 유지하기 위해 쿠웨이트를 침공했단다.

　이라크가 쿠웨이트를 침공한 또 다른 이유는 석유 때문이었어. 쿠웨이트는 전 세계 석유 매장량의 10%를 차지하고 있어. 쿠웨이트를 합병하면 이라크가 석유 수출국 기구*에서 생산하는 석유의

40%를 점유할 수 있었어. 그렇게 되면 이라크가 국제 사회에서 엄청난 영향력을 갖게 될 수 있다고 생각한 거야.

 이라크가 쿠웨이트를 침공하자 미국은 유엔의 결의 아래 다국적군*을 구성하였고, 다국적군이 1991년 1월 이라크를 공습하여 전쟁이 시작되었어. 이 전쟁을 걸프 전쟁이라고 해. 미국은 이 전쟁에서 대규모 군사 작전을 벌였는데 그 이유도 바로 석유에 있었지. 미국은 쿠웨이트에서 미국의 석유 이권을 지켜야 했기 때문이야. 전쟁은 다국적군의 승리로 끝났어. 이라크는 쿠웨이트에서 물

러가고 유엔의 결의를 무조건 받아들이기로 했지. 전쟁이 끝나고 나서 미국은 중동에서 절대적인 영향력을 행사하게 되었어. 걸프 전쟁 때 우리나라도 다국적군에 참여해 군의료진을 파견했단다.

> **Tip**
>
> • 석유 수출국 기구: 1960년 이라크, 쿠웨이트, 사우디아라비아, 이란, 베네수엘라 등 5개국이 이라크의 바그다드에서 설립하고 본부는 비인에 두었다. 중동 6개국 사우디아라비아·쿠웨이트·아랍에미리트·카타르·이란·이라크, 아프리카 4개국 나이지리아·리비아·알제리·앙골라, 베네수엘라, 에콰도르 등 12개 산유국이 소속되어 있다. 2012년 기준으로 전 세계 원유 매장량의 81%를 차지하고 있다. 회원국들의 석유 정책 조정을 통해 상호 이익을 확보하는 한편, 국제 석유 시장의 안정을 유지하기 위해 설립하였다.
>
> • 다국적군: 특정 목적을 위하여 동맹이나 연합 형태로 구성된 군대로, 2개 국가 이상의 군대로 결성된다.

:: 끝나지 않는 이라크 전쟁

이라크는 1991년 걸프 전쟁에서 패하자 핵을 비롯한 생화학무기 등 대량 살상 무기*를 보유하려고 했어. 이에 유엔은 무기 사찰단을 이라크에 파견하여 실태를 조사하려고 했지. 그러나 이라크는 유엔 무기 사찰단이 이라크에서 활동하는 것을 방해했단다.

이러한 상황에서 2001년 미국의 뉴욕에서 9·11 테러* 사건이 일어났지. 그러자 미국은 이 테러가 알카에다* 및 오사마 빈 라덴*이 벌인 일이라고 생각했어. 뿐만 아니라 이라크가 대량 살상 무기를 보유하고 있으며, 이라크의 사담 후세인이 테러 조직을 지원하고 있다고 생각했지. 그래서 미국은 자국민 보호와 세계 평화를 위해서 이라크의 대량 살상 무기를 없애야 한다고 주장했단다.

미국이 2003년 영국, 오스트레일리아와 함께 이라크의 바그다드를 미사일로 공격하면서 전쟁이 시작되었어. 이 전쟁을 이라크 전쟁이라고 하는데 미국이 이라크를 침공했을 때 세계 곳곳에서는 전쟁에 반대하는 시위가 열렸어. 반전 시위를 벌였던 사람들은 미국이 이라크를 공격하는 목적이 대량 살상 무기를 없애는 것이 아니라 이라크의 원유를 확보하기 위한 것이라고 비난했지.

미국은 바그다드를 점령하고 전쟁을 승리로 끝냈어. 그러나 이라크를 침공한 명분으로 내세웠던 대량 살상 무기는 이라크에서 찾을 수 없었어.

미국이 이라크를 침공한 이유도 바로 석유 자원 때문이었던 거야. 전쟁이 끝나고 이라크에서 미군의 수많은 유조차들이 쉬지 않고 석유를 실어 갔어. 이를 본 이라크 사람들은 '미군은 석유 도둑'이라고 하면서 분노했어.

이라크 전쟁으로 수많은 사람이 희생되었어. 민간인이 1,200명 이상 죽고, 부상자도 5,000명이 넘었어. 그 밖에 2,300명 이상의 이라크군이 죽었어. 전쟁이 끝난 2004년 우리나라는 이라크의 복구를 위해 자이툰 부대를 파견했지.

이라크의 사담 후세인은 전쟁이 끝나고 전범으로 체포되어 사형당했어. 이라크에는 2006년 시아파를 중심으로 하는 새로운 정부가 들어섰어. 그러나 평화도 잠깐 이라크는 다시 전쟁 상태가 되었어. 정권에서 소외된 세력들이 미군과 이라크 정부에 반대해 내전을 벌였기 때문이야. 특히 수니파 세력은 이슬람 국가*라는 반군 단체를 조직하여 미군 및 시아파 정부를 상대로 싸우고 있단다.

이라크 전쟁 이후 미국은 이라크의 치안을 확립하고 민주 정부를 수립하는 것을 돕는다는 명분으로 군대를 주둔시켰어. 그러나 도로에 묻힌 폭탄과 자살 폭탄 테러 등 반군 세력의 공격에 의해 많은 미군 희생자가 생겼지. 결국 미군은 2011년 말 이라크에서 완전히 철수했어.

이라크에서는 지금도 전쟁이 계속되고 있단다. 반군 세력인 이슬람 국가는 세력을 키워 시리아 북부까지 점령하기도 했지. 이에 미국은 반군 세력을 공격했고, 반군 세력은 보복으로 미국인 기자를 참수하는 등 비극이 벌어지고 있단다.

- **대량 살상 무기**: 단시간에 많은 사람을 희생시킬 수 있는 전략 무기로, 핵폭탄과 중장거리 미사일을 비롯해 탄저균, 독가스, 바이러스 살포 무기와 같은 생화학 무기 등을 가리킨다. 무기가 사용된 이후에도 질병을 유발시킨다거나 환경을 파괴하는 등 인류에 지속적인 피해를 입힐 수 있기 때문에 핵확산금지조약, 생물무기금지협약, 화학무기금지조약 등 여러 국제 협약에서는 대량 살상 무기의 사용과 개발을 금지하고 있다.

- **9·11 테러**: 미국 대폭발 테러 사건이라고도 부른다. 2001년 9월 11일 일어난 항공기 납치 및 동시 다발 자살 테러로 인해 미국 뉴욕의 110층짜리 세계무역센터 빌딩이 무너지고, 워싱턴의 국방부 청사가 공격을 받은 대참사를 말한다. 4대의 항공기에 탑승한 승객 266명 전원 사망, 워싱턴 국방부 청사에서 사망 또는 실종 125명, 세계무역센터에서 사망 또는 실종 2,500~3,000명이 발생하는 등 인명 피해가 2,800~3,500명에 달하였다.

- **알카에다**: 1988년 오사마 빈 라덴이 결성한 이슬람 테러 단체이다. 1991년 걸프 전쟁이 일어나면서 반미 세력으로 전환하였고, 막대한 자금과 군사력을 바탕으로 파키스탄·수단·필리핀·아프가니스탄·방글라데시·사우디아라비아는 물론 미국·영국·캐나다 등 총 34개국에 달하는 국가에서 활동하고 있는 것으로 알려져 있다.

- **오사마 빈 라덴** 1957~2011: 사우디아라비아 출신의 국제 테러리스트. 이집트 과격 단체들과 동맹을 맺고 막대한 부를 바탕으로 자신이 조직한 테러 조직 알카에다를 통해 국제적인 테러를 지원했다. 미국 대사관 폭탄 테러와 9·11 테러 등의 배후로 지목되었다. 2011년 5월 파키스탄의 수도인 이슬라마바드 외곽에 있는 한 가옥에서 미군 특수 부대의 공격을 받고 사망하였다.

- **이슬람 국가**IS, Islamic State: 이슬람 수니파 테러 조직이다. 이라크 전쟁 이후 결성된 것으로 알려졌다. 이라크에 거점을 두고 이라크는 물론 시리아의 지중해 연안까지 이슬람 국가 건설을 목표로 하고 있다. 2011년 이라크에서 미군이 철수하고 시리아에서 내전이 발발할 무렵 두 나라 정부군에 대항하며 세력을 키웠다.

더 알고 싶어요!

나라 없는 세계 최대의 민족, 쿠르드족

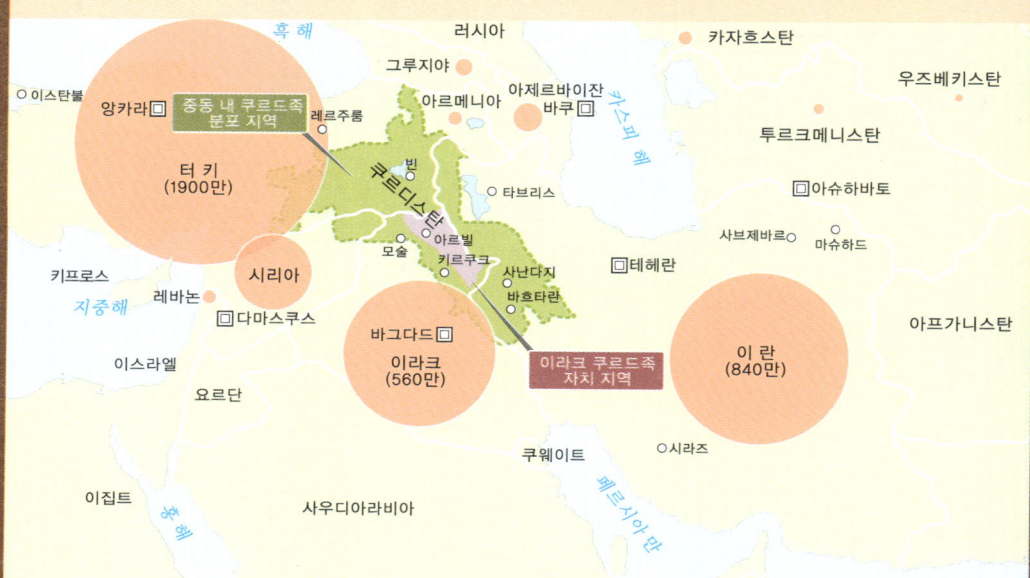

◉ 쿠르드족의 거주지와 주변 국가들

쿠르드족은 4천 년의 역사를 가지고 있고, 인구가 3천만 명이 넘지만 나라가 없는 세계 최대의 유랑 민족이야.

쿠르드족은 16세기 이후에는 오스만 제국의 지배를 받았어. 제1차 세계 대전 때 영국은 쿠르드족에게 오스만 제국과 싸우면 쿠르드족의 나라를 세워 주겠다고 약속했어. 그러나 영국은 약속을 지키지 않았지. 이에 쿠르드족은 독립 투쟁을 벌였지만 실패했고, 쿠르드족은 터키, 이라크, 이란 등 여러 나라에 속해 살게 되었어.

이후 쿠르드족은 독립 국가를 세우기 위해 자신들이 거주하는 나라를 상대로 싸우고 있지.

쿠르드족이 가장 많이 살고 있는 곳은 터키야. 최근에는 터키가 이라크 북부에 있는 쿠르드족 반군의 거주지를 폭격하여 수많은 사람들이 희생되었어.

이란의 쿠르드족은 수니파 이슬람교도야. 반면 이란은 시아파가 정권을 잡고 있어. 그래서 쿠르드족은 이란의 시아파 이슬람교도에게 종교적인 박해를 받고 있어.

이란은 이란-이라크 전쟁이 발발하자 이라크군을 괴롭히는 이라크 내의 쿠르드족을 지원했단다. 쿠르드족은 이라크군과 치열하게 싸웠지.

전쟁이 끝나자 이라크는 쿠르드족이 이란을 지지했다는 이유로 수많은 쿠르드족을 학살했어.

한편, 미국은 정치적인 목적에 따라 쿠르드족의 독립운동을 이용했어. 걸프 전쟁 때는 이라크를 약화시키기 위해 이라크의 쿠르드족 반군을 지원했지. 그리고 이라크 전쟁 때는 쿠르드 민병대의 도움을 받아 바그다드를 점령하고 후세인 정권을 무너뜨렸단다.

쿠르드족은 수천 년 동안 독자적인 언어와 문화를 가지고 살아 왔어. 그러나 지금은 나라 없는 민족으로 살고 있지. 쿠르드족은 언제 독립 국가를 건설할 수 있을까? 중동 국가들은 자신들과 민족이 다른 쿠르드족이 독립 국가를 세우는 것에 대해 반대하고 있고, 미국 등 서양 강대국들은 정치적인 목적에 따라 쿠르드족을 이용하려고 할 뿐 쿠르드족의 독립에 대해서는 관심이 없단다.

4. 검은 눈물

"어휴, 이라크는 석유 때문에 몇 번이나 전쟁을 한 거예요? 이라크뿐 아니라 중동 지역은 거의 다 석유 때문에 전쟁이 일어나네요."

시현이는 한숨을 쉬며 말했다.

"그렇단다."

"그런데 엄마, 중동 지역을 제외한 다른 나라도 석유 때문에 싸워요?"

시현이는 '검은 황금'이라는 석유로 인해 사람들이 전쟁을 벌인다는 게 정말 이상했다.

"응. 중동뿐만 아니라 다른 나라에서 일어난 전쟁도 석유와 관련이 많단다. 그래서 석유를 '검은 눈물'이라고도 부르지."

시현이는 '검은 눈물'이라는 석유의 또 다른 이름이 정말 슬픈 이름 같았다.

"엄마, 사람들이 석유를 많이 쓰면 쓸수록, 서로 석유를 많이 차지하려고

하겠네요. 그래서 서로 싸우고, 전쟁을 벌이겠네요."

"맞아. 지금도 그런 전쟁 때문에 사람들이 다치고 죽고 사는 집과 학교도 없어지고 눈물을 흘리고 있어."

엄마는 천천히 말했다.

"그럼 앞으로도 석유 때문에 전쟁이 일어날까요?"

"사람들이 석유를 필요로 하는 한 석유 때문에 계속해서 크고 작은 싸움을 하게 될 거야. 그래서 중동 지역에 사는 어떤 사람들은 자기 나라에 석유가 없었으면 좋겠다고, 석유 없이 평화롭게 살고 싶다고 말하기도 해."

시현이는 곰곰이 생각하며 말했다.

"엄마, 나도 석유를 쓰잖아요. 날마다 석유를 태워 만들어 내는 전기로 컴퓨터를 하고, 휴대폰을 충전하고, 차를 타잖아요. 앞으로도 계속 이용해야 하고요. 그럼 어떻게 하지요?"

"우리 시현이가 걱정이 많구나?"

엄마가 시현이를 보며 말했다.

"네."

"석유를 사용하면서 생기는 환경 문제도 석유 때문에 생기는 분쟁만큼이나 심각하단다."

"저도 들어본 적 있어요. 지구가 더워지고 날씨가 점점 이상해진다면서요. 석유를 아예 사용하지 않을 수도 없고 어떻게 해요?

"그래서 사람들이 석유를 대신할 새로운 에너지, 즉 태양열이나 해양 에너지 등 환경에 나쁜 영향을 미치지 않는 대체 에너지를 개발하기 위해 많은 연구를 하고 있지."

"그런 대체 에너지를 빨리 개발해서 사용했으면 좋겠어요. 에너지 절약도 하고요."

시현이는 조금 안심하며 말했다.

"우리 모두 생활 속에서 에너지 절약을 할 수 있단다. 불필요한 조명과 쓰지 않는 컴퓨터는 끄고, 3층 이하의 건물 계단은 걸어서 오르내리고, 대중교통을 이용하면 되지. 석유를 아끼는 방법이 꼭 멀리 있는 것만은 아니란다."

"네."

"그리고 시현이처럼 우리가 사는 곳과 멀리 떨어진 중동에서 일어나는 일에도 관심을 갖고, 석유 때문에 일어나는 전쟁에 대해서도 관심을 갖고 있어야 하지."

엄마는 차분하게 이야기했다.

"네, 알겠어요."

시현이는 힘 있게 대답하고 난 뒤 생각했다.

'석유가 많이 나는 곳에 사는 아이들도 건강하고 안전하게 자라면서 꿈을 키울 수 있었으면 좋겠어.'

Afghanistan

아프가니스탄

03
나도 학교에
가고 싶어요

Afghanistan

1. 나도 학교에 가고 싶어요

"여러분, 노벨 평화상에 대해 아는 사람?"
수업이 시작되자, 선생님이 질문했다.
"노벨 평화상은 세계 평화를 위해 노력한 사람이 받는 상이에요."
윤서가 큰 소리로 대답했다.
"그렇지. 그럼, 노벨 평화상은 누가 받았을까?"
"만델라 대통령이요."
"테레사 수녀님."
"김대중 대통령."

여기저기에서 아이들이 대답했다.

"그래, 그런데 2014년에는 말랄라가 노벨 평화상 수상자가 되었어."

"선생님, 말랄라가 누구예요?"

"응. 말랄라는 아직 스무 살도 되지 않은 소녀야. 세계적으로 유명한 어린이 인권 운동가지."

"우와 대단하다. 청소년도 노벨 평화상을 받을 수 있어요! 말랄라가 어떤 일을 했나요?"

유니세프에서 일하는 게 꿈인 윤서가 물었다.

"말랄라는 여자아이들이 학교에 다닐 수 있는 권리를 위해 목숨을 걸고 싸웠어. 그 결과 2013년에는 노벨 평화상 후보에 올랐고, 반기문 유엔 사무총장 앞에서 연설도 했어. 오바마 미국 대통령도 만나고 말이야."

"멋져요!"

윤서는 노벨 평화상도 받고, 유엔에서 연설도 하는 말랄라가 정말 멋있어 보였다.

"선생님, 그런데 학교에 다니려면 목숨을 걸고 싸워야 하나요?"

이번에는 조용히 앉아 있던 지훈이가 질문했다.

"응. 말랄라가 살던 곳은 그래. 말랄라는 파키스탄 서북부에 있는 스와트 밸리라는 곳에서 살았는데, 파키스탄의 반정부 세력인 탈레반*이 지배하는 곳이었지."

"탈레반이요? 탈레반은 아프가니스탄에 있는 거 아니에요?"

세계 여러 나라에 관심이 많은 윤서가 다시 질문했다.

"그래, 아프가니스탄은 탈레반 정권이 들어섰던 나라야. 말랄라가 살던 스와트 밸리는 파키스탄 땅이지만 이웃 나라인 아프가니스탄과 아주 밀접한 곳이야. 지역적으로도 가깝고 아프가니스탄의 파슈툰족*이 많이 사는 곳이기도 하지. 이곳은 아프가니스탄 탈레반 정권의 영향을 받았어."

윤서가 고개를 끄덕이며, 선생님을 바라보았고, 선생님은 설명을 계속 이어갔다.

"탈레반은 여자들이 학교에 다니는 걸 금지했어. 말랄라는 열두 살 때 이런 사실을 영국의 BBC 방송국 블로그에 올렸어."

"어떤 글이었는데요?"

"탈레반이 여학생들을 학교에 가지 못하게 한다고 말이야. 글을 올리면서 말랄라는 교육을 받을 것이고 이것을 전 세계에 호소한다고 밝혔지. 말랄라의 글은 세계적인 관심을 받았어. 그 뒤에 탈레반에게 많은 위협을 받았지만 여자들도 학교에 다닐 수 있는 권리를 계속 주장했지. 그러다가 열다섯 살 때 탈레반 테러리스트들에게 총을 맞았어."

"총을 맞았어요?"

"말랄라는 거의 목숨을 잃을 뻔했는데, 영국에서 오랫 동안 치료를 받고 기적적으로 살아났어. 그 후에도 말랄라는 계속해서 여자 아이들이 학교에 다닐 수 있는 권리를 위해 활동하고 있단다. 말랄라는 2014년 노벨 평화상을 받았고 수백만 세계 어린이의 투표로 선정되는 2014 세계 어린이상을 받기도 했지."

"선생님, 그런데 정말 이상해요! 여자아이들이 학교 가는 게 왜 그렇게 힘들어요?"

윤서가 목소리를 높였다.

"그렇지. 여러분들은 가끔은 학교 가기 싫은데, 어떤 나라에서는 학교에 가고 싶어서 목숨을 걸고 테러리스트와 싸워야 한다니 이해하기 어렵지?"

아이들이 고개를 끄덕였다.

"세계에는 5천만 명이 훨씬 넘는 아이들이 학교에 다니지 못하고 있어. 전쟁이나 가난 때문이지. 또 말랄라의 경우처럼, 파키스탄

일부 지역과 아프가니스탄은 탈레반 정권이 여자아이들을 학교에 다니지 못하게 하고, 테러를 하고, 학교를 파괴하기도 했지."

"너무 무서워요. 그런데 탈레반은 왜 여자아이들이 학교에 가면 안 된다고 생각해요?"

"이 기회에 선생님하고 탈레반과 탈레반이 있는 나라 아프가니스탄에 대해 알아보자.

> **Tip**
>
> • 탈레반: 1994년 아프가니스탄 남부 칸다하르에서 결성한 이슬람교 수니파의 무장 이슬람 정치 조직이다. 1996년 이슬람 공화국을 선포하고 2001년까지 아프가니스탄을 지배했다.
>
> • 파슈툰족: 아프가니스탄 전체 인구의 50% 이상을 차지하는 민족으로 '아프간족'이라고도 불린다.

2. 힘센 나라들의 전쟁터, 아프가니스탄

아프가니스탄은 세계의 지붕으로 불리는 파미르 고원의 남서부, 인도 대륙의 북서부에 위치해 있는 나라야. 동쪽은 중국, 남쪽과 남동부는 파키스탄, 서쪽은 이란, 북쪽은 투르크메니스탄, 우즈베키스탄, 타지키스탄 등의 나라로 둘러싸여 있어. 면적은 한반도의 약 3배 64만 7500Km², 인구는 3천3백만 명 정도야.

수도는 카불이고 국토의 대부분이 해발 1000m가 넘는 산악 지대야. 가장 높은 봉우리는 힌두쿠시로 7,500m 정도이고, 특히 파미르 고원이 연결되는 북동부는 5,000m가 넘는 산들이 이어져 있어.

아프가니스탄이란 나라 이름은 '아프간족의 땅'이라는 뜻이야. 아프가니스탄은 여러 민족이 거주하고 있어. 아프간족으로 불리는 파슈툰족이 전체 인구의 약 절반 정도를 차지하고 있고, 그 밖에 타지크족 25%, 하자라족 10%, 우즈벡족 8% 등이 있지.

아프가니스탄 국민 대부분은 이슬람교를 믿어. 그중 수니파가 85% 가량이고, 시아파는 15% 정도를 차지해.

아프가니스탄은 고대부터 전쟁이 끊이지 않았어. 아프가니스탄에는 욕심낼 만한 자원이 풍부한 것도 아닌데 왜 이렇게 강대국들의

◉ 분열된 아프가니스탄

침략이 계속 되었을까? 그 이유는 아프가니스탄의 위치에서 찾아볼 수 있단다.

아프가니스탄은 동부는 인더스 강, 서부는 이란과 이어져 동서 문명이 만나는 십자로에 위치하고 있어. 중앙아시아의 중심부에 자리 잡고 있기 때문에 세력을 넓히려면 아프가니스탄을 반드시 차지해야 했지.

오늘날에는 미국과 유럽, 러시아와 중국, 그리고 아랍 세력까지 아프가니스탄에서 부딪치고 있어.

아프가니스탄은 고대에는 인도와 페르시아 왕조, 7세기경에는 이슬람 왕조, 13세기경에는 몽골 제국의 침입을 받았어.

19세기경에는 영국과 러시아의 침입을 받기도 했지. 1905년에는 영국의 보호국이 되었다가 1919년 영국으로부터 독립했어.

독립 후 아프가니스탄은 왕이 다스리는 나라였어. 1973년 쿠데타가 일어나 왕정이 폐지되고 공화국이 되었어. 그러나 계속된 쿠데타로 혼란이 계속되었고, 1979년 12월 소련, 2001년 미국 등 강대국의 침입과 지방 군벌 세력들의 다툼과 내전 등으로 인해 오늘날까지 수십 년 동안 전쟁터가 되어 국토가 파괴되고 수많은 사람이 죽었어.

3. 아프가니스탄의 길고 긴 전쟁

:: 소련의 아프가니스탄 침공 – 길고 긴 전쟁의 시작

소련은 아프가니스탄과 국경을 맞대고 있었어. 아프가니스탄은 1978년 쿠데타가 일어나서 소련과 친한 사회주의 정권이 들어섰어. 그러자 소련에 반대하는 아프가니스탄의 많은 세력들이 정부에 반대하기 시작했지. 1979년 9월 쿠데타가 일어나서 친소소련과 친밀한 정부가 무너지자 소련은 1979년 12월에 아프가니스탄을 침공했어.

소련이 아프가니스탄을 침공한 이유는 남쪽으로 진출하여 인도양으로 가는 출구를 확보하기 위해서였지. 남쪽은 바로 중동 지역이야. 중동 지역은 석유가 매우 많은 곳이지. 소련은 중동 지역에서 영향력을 확보하기 위해 아프가니스탄을 침공했던 거야. 또한 점점 세력을 넓혀가는 중국을 견제하기 위해서도 아프가니스탄이 필요했지.

소련이 아프가니스탄을 침공하자, 아프가니스탄 국민들은 무자헤딘*을 중심으로 소련의 침공에 맞서서 저항했어. 무자헤딘은 '성스러운 전쟁을 하는 이슬람 전사'라는 뜻이야. 미국은 소련이 남쪽으로 진출하는 것을 그대로 두고 볼 수 없었지. 그래서 아프가니스탄의 무장 단체인 무자헤딘에게 무기와 자금을 지원하기도 했어.

아프가니스탄은 10여 년 동안 소련에 맞서 싸웠고, 결국 소련을

물리쳤어. 1989년 소련군이 철수하자 아프가니스탄의 저항 세력들은 1992년 수도인 카불을 점령하고 새 정부를 수립했어. 이후 아프가니스탄은 여러 군벌 세력이 다투는 내전 상태가 되었단다.

> **Tip**
>
> • 무자헤딘: 아프가니스탄의 무장 게릴라 조직이다. 아랍어로 '성스러운 전쟁을 하는 이슬람 전사'를 뜻하며, 모자헤딘·무자히딘이라고도 한다. 보통 이슬람 국가의 반정부 단체나 무장 게릴라 조직이 스스로를 지칭하는 말로 쓰인다. 무자헤딘은 1979년 소련이 아프가니스탄을 침공한 이후, 산악 지방을 근거지로 활동하였다. 1989년 소련군이 철수할 때까지 10년간 미국, 파키스탄, 사우디아라비아 등의 지원을 받으면서 소련군에 대항하였고, 소련은 결국 3만 명에 달하는 희생자를 내고 철수하였다.

:: 탈레반 정권

소련이 물러났어도 여러 군벌들이 다투는 내전이 계속되면서, 아프가니스탄 국민은 힘들게 살아가고 있었어. 이때 등장한 세력이 탈레반이야.

탈레반은 1994년 파키스탄과 가까운 아프가니스탄 남부의 칸다하르 주의 코란 학교에서 조직되었어. 탈레반의 뜻은 파슈툰어로

'학생'을 뜻해. 그동안 군벌 세력들은 파벌 싸움만 하면서 살인과 약탈을 일삼았어. 그러나 탈레반은 달랐어. 탈레반은 이슬람 신앙을 바탕으로 한 엄격하고 도덕적인 이슬람 원리주의를 내세웠지. 내전에 지친 아프가니스탄 국민들은 탈레반을 환영했단다.

 탈레반은 국민들의 지지를 받으며 아프가니스탄 전 지역으로 빠르게 세력을 넓혀 나갔고, 1996년에는 수도인 카불을 점령하고

이슬람 공화국을 선포했어. 탈레반은 매우 보수적이고 엄격한 이슬람 교리로 국가를 통치했지.

아프가니스탄의 탈레반 정권은 이슬람 율법인 '샤리아*'를 적용했어. 특히 율법을 엄격하게 적용하여 여성들의 사회 참여를 철저하게 막았지. 여성들은 집 밖으로 나갈 때는 머리부터 발목까지 덮는 부르카*를 반드시 입어야 했어. 여성 혼자서는 외출할 수도 없었지. 꼭 함께하는 남성이 있어야 했어. 여학교를 모두 폐쇄하여 여자는 학교에 다닐 수 없도록 했어. 여자는 공직에 오를 수도 없었어.

그뿐만이 아니야. 탈레반은 유네스코 세계 문화유산인 바미얀 석불을 파괴하기도 했어. 그 이유는 불상이 우상 숭배를 금지하는 이슬람교의 가르침에 어긋난다는 거였어.

아프가니스탄은 간다라 미술*이 융성했던 곳으로 바미얀 석불이 있었던 바미얀 계곡은 많은 불교 유적이 있어.

바미얀 석불은 계곡의 병풍처럼 둘러 처진 커다란 암벽에 세워져 있었어. 높이가 50m가 넘는 세계에서 가장 큰 석불이었지. 8세기에는 신라의 승려 혜초가 이곳을 다녀간 후 『왕오천축국전*』에 기록을 남기기도 했어.

2001년 탈레반 정권은 이슬람 문화유산이 아닌 모든 종교물을 파괴한다고 선언했어. 유네스코는 바미얀 석불의 파괴를 막기 위해 특사를 파견하고, 수많은 나라와 단체에서 문화유산의 파괴

| 폭발된 바미얀 석불

를 중지할 것을 요청했지만 소용없었어. 간다라 미술을 대표하며 1500년 동안 세워져 있던 바미얀 석불은 파괴되고 말았지.

 탈레반 정권을 지지하며 기대했던 아프가니스탄 국민들의 삶은 나아지지 않았어. 아프가니스탄 국민들의 마음은 점점 탈레반 정권에서 멀어져 갔단다.

- 샤리아: 이슬람 경전인 코란에 기초한 이슬람의 법률로 원뜻은 '인간이 따라야 할 길'이다. 『코란』에서 언급되지 않은 문제에 관해서는 샤리아는 예언자 무함마드의 언행수나과 그 전승하디스에 근거를 두고 처리하고 있다. 하디스에도 없는 문제에 대해서는 법학자 공동체의 합의이즈마가 샤리아의 기본이 되었고, 법학자는 『코란』, 하디스, 이즈마에서 법의 적용을 유추하였다.

- 부르카: 이슬람 여성들이 입는 머리부터 발목까지 덮는 전통 복식이다. 머리카락과 목을 가리는 두건으로 얼굴은 내놓을 수 있는 히잡과 달리, 부르카는 천으로 전신을 가려 사물을 확인할 수 있게 눈 부위만 망사로 되어 있다. 아프가니스탄 여성들이 주로 착용한다. 니캅은 부르카의 망사로 된 눈 부분만 가리지 않은 형태로, 파키스탄 여성들이 주로 착용한다.

- 간다라 미술: 기원전 2세기~기원후 5세기, 고대 인도 북서부 간다라 지방오늘날 파키스탄 북부의 페샤와르에서 발달한 그리스·로마 풍의 조각 위주의 불교 미술 양식이다. 간다라 지방을 중심으로 아프가니스탄 지역까지 분포되었다. 간다라 미술은 처음으로 불상을 만들어 정형화시켰다. 간다라 미술은 인도, 중앙아시아, 중국의 불교 미술에 영향을 주었다.

- 왕오천축국전: 신라의 승려 혜초704~787가 고대 인도의 5천축국을 답사하고 727년신라 성덕왕 26에 쓴 여행기이다.

:: 미국의 아프가니스탄 침공

2001년 9월 11일 미국 뉴욕에서 세계를 깜짝 놀라게 만든 사건이 일어났어. 110층짜리 세계무역센터 빌딩이 납치된 비행기와 부딪쳐 무너진 거야. 뉴욕은 세계 최강대국인 미국의 중심 도시였고, 이 빌딩은 미국 경제의 상징이었어. 이 폭발 테러로 3천 명이 넘는 사람들이 죽었어.

미국은 국제 테러리스트인 오사마 빈 라덴과 그가 만든 조직인 알카에다가 이 사건에 관여했다고 밝혔어. 이때 오사마 빈 라덴은 아프가니스탄에 머물고 있었어. 그는 탈레반 정권의 도움을 받고 있었다고 해.

미국은 아프가니스탄의 탈레반 정권에게 오사마 빈 라덴을 체포하여, 미국으로 넘겨달라고 요청했지만 탈레반 정권은 오사마 빈 라덴이 범인이라는 명확한 증거를 내놓으라며 이를 거부했지.

2001년 10월, 미국은 오사마 빈 라덴과 알카에다를 소탕한다며 아프가니스탄을 침략했어. 미군은 오사마 빈 라덴을 잡기 위해 군사 작전을 수행하다가 마을을 폭격하여 아프가니스탄의 민간인을 대량 학살하기도 했어. 이때 희생자의 반 이상은 아이들이나 여자들이었대. 2001년 11월 수도인 카불을 점령한 미국과 서방 세력

은 탈레반 정권을 무너뜨리고 미국의 석유 회사에서 일했던 카르자이*를 내세워 임시 정부를 세웠어. 그런데 임시 정부는 국민들의 지지를 얻지 못했어.

탈레반 세력은 아프가니스탄과 국경을 맞대고 있는 파키스탄으로 도망가서 미군과 아프가니스탄 정부를 상대로 계속 싸웠어. 이들은 자기 몸에 폭탄을 지닌 채 자살하는 자살 폭탄 테러를 벌이기도 했지.

미국이 아프가니스탄을 침략한 명분은 테러리스트를 소탕하겠다는 거였어. 그러나 실질적인 이유는 카스피 해의 천연자원과 중동 지역의 석유 자원을 확보하기 위해 연결 지점에 있는 아프가니스탄을 미국의 영향력 하에 두려는 것이었어.

> **Tip**
> • 카르자이 1957~ : 아프가니스탄의 정치가. 2001년 12월 과도 정부 수반으로 추대되었고, 2002~2004년 과도 정부 잠정 대통령직을 수행하였다. 2004년 10월 대통령 선거에서 당선되어, 아프가니스탄 역사상 최초로 민주적 선거에 의해 선출된 지도자가 되었다.

:: 계속되는 아프가니스탄 분쟁

아프가니스탄은 2004년에 총선거가 있었고 카르자이가 대통령으로 선출되었어. 대통령이 된 카르자이는 미국의 지지를 받았지만 부정부패 때문에 아프가니스탄 국민들의 비난을 받았지. 카르자이의 형제들은 아프가니스탄 주요 관직에 있으면서 세계 각국에서 아프가니스탄으로 들어오는 구호 원조금을 가로채기도 했단다.

2006년 5월에는 카불의 시민들이 폭동을 일으켰어. 폭동의 계기가 된 것은 미군 차량이 카불 시내 한복판에서 교통사고를 내 아프가니스탄 사람 6명이 죽은 사건이었어. 시민들은 총을 들고 시위를 벌이며 시내 곳곳에 불을 지르기도 했어. 이때 시민들은 "미국은 너희 나라로 돌아가라."고 외치며 격한 시위를 벌였지.

아프가니스탄 국민들이 미군에 반대하는 시위를 벌이자, 탈레반이 아프가니스탄으로 돌아오기 시작했어.

아프가니스탄은 세계 아편 생산량의 90% 이상을 차지하는 나라야. 미국과 유엔이 아프가니스탄의 아편 재배를 금지했지만 탈레반은 아프가니스탄 농민들의 아편 농사를 막는 미군을 공격하고, 농민들의 아편 재배를 보호하면서 농민들의 지지를 얻어 세력을 계속 키우고 있어.

탈레반은 아프가니스탄 곳곳에서 미군을 공격했어. 탈레반은 도로에 폭탄을 설치해서 터뜨리는 방식으로 미군을 공격하기도 했어. 뿐만 아니라 탈레반은 아프가니스탄에 있는 미군 기지인 바그람 공군 기지와 칸다하르 기지까지 쳐들어갔지.

이에 미군은 한 번 쏘면 마을 전체가 날아가 버리는 미사일 등 최신 무기를 동원해 탈레반 등 반군 세력을 공격했어. 미군은 탈레반의 근거지를 공격하여 탈레반을 몰아내기도 했으나 주민들의 신뢰를 얻지는 못했어.

  2011년 미국은 파키스탄에 숨어 있던 오사마 빈 라덴을 사살했어. 오사마 빈 라덴이 죽자, 미국은 아프가니스탄을 침공한 명분이 사라지게 되었어. 그리고 아프가니스탄 전쟁으로 인한 비용 때문에 재정 부담이 커졌지. 그러자 미국은 아프가니스탄에서 군대를 완전히 철수시키겠다고 했어.

  아프가니스탄은 오랜 전쟁 때문에 국토가 온통 파괴되었어. 뿐만 아니라 전쟁 때 묻은 지뢰와 불발탄이 곳곳에 남아 있지. 지뢰는

1980년대에 소련군이 아프가니스탄을 침공하면서 묻었대. 지뢰와 불발탄으로 피해를 입는 사람들이 계속 생기고 있는데 특히 어린아이들이 들판에서 놀다가 목숨을 잃거나 다치는 일이 많아. 아프가니스탄에서는 지뢰 피해를 입어 다리가 하나인 사람을 만나는 게 어렵지 않아. 1997년 노벨 평화상을 수상한 단체인 국제지뢰금지운동*은 앞으로 적어도 400년이 지나야 아프가니스탄 땅에 쏟아진 지뢰를 제거할 수 있다고 발표했어.

- 국제지뢰금지운동: 1991년 미국의 베트남 퇴역 군인 재단과 독일인이 중심이 된 국제 의학 협회 등의 단체와 국제 비정부 기구가 모여 설립한 비정부 국제 조직이다. 대인 지뢰의 제작·사용·비축·이송 행위 금지 및 인도주의적 지뢰 제거를 목적으로 활동한다. 1997년 이 운동의 책임자인 조디 윌리엄스와 함께 노벨 평화상을 수상하였다.

4. 나는 학교에 다녀

"아프가니스탄에 있는 지뢰를 제거하는 데 왜 몇 백 년이 걸려요?"

지훈이가 답답하다는 듯 물었다.

"아프가니스탄은 지뢰와 불발탄이 세계에서 가장 많이 뿌려진 나라야. 1천만 개가 넘는다고 해. 지뢰를 제거하기 위해서는 시간과 비용이 많이 들어."

"그럼 아프가니스탄에서는 언제 어디서 지뢰가 터질지 모르는 거예요?"

윤서도 걱정스런 얼굴로 질문했다.

"맞아. 지뢰는 전쟁이 끝나도 사람들의 목숨을 앗아가고, 장애와 상처를 남겨. 특히 아이들의 경우는 지뢰가 묻혀 있는지 모르고 놀다가 다치지. 호기심이 많은 아이들이 건드리기도 하고, 이상하게 생긴 물건이라고 줍다가 다치기도 해."

"……."

교실이 조용했다.

"아프가니스탄에도 희망은 있어. 아이들이 자라고 있거든."

선생님은 희망이라는 말에 힘을 주었다.

"선생님, 이제 아프가니스탄 아이들도 학교에 다녀요?"

평소에는 질문을 하지 않던 소은이가 물었다.

"소은이가 걱정하는구나. 아프가니스탄 친구들이 어떻게 공부하는지?"

"네."

"아프가니스탄에서는 여러 사람들이 유니세프*와 함께 '학교로 돌아가자'는 BACK-TO-SCHOOL 운동을 벌이기도 했어. 그동안 탈레반 정권이 여성 교육을 금지시켰기 때문에 학교에 가지 못했던 아이들이 다시 학교에 돌아가게 된 거야."

선생님은 아프가니스탄에서는 글을 읽지 못하는 문맹율이 70%가 넘고, 여자들의 경우는 교육받은 사람이 10%뿐이라고 설명했다. 또한 전쟁 속에서 힘들게 살았던 부모들이 더욱 아이들에게 공부를 시키려고 한다고 했다.

"학교는요? 학교가 있어요?"

윤서가 질문을 했다.

"제대로 된 학교는 거의 없단다. 대부분 천막을 치고 공부하거나, 그것도 여의치 않아 야외에서 그대로 공부를 해. 책상과 의자도 없이 땅바닥에 앉아, 교과서나 노트도 없이 낡은 칠판 하나를 세워 놓고 공부를 하지."

"유엔이나 유니세프에서 도와주죠?"

윤서가 다시 질문을 했다.

"여러 나라들이 아프가니스탄에 지역 재건 팀을 만들어서 돕고 있어. 또 유니세프와 구호 단체에서 학교를 새로 짓고, 학용품을 보내지."

선생님은 지역 재건 팀이라고 불리는 조직은 아프가니스탄을 돕기 위해 여러 나라에서 만들어진 정부 차원의 단체라고 했다.

윤서는 우리나라 사람이 어떻게 아프가니스탄을 도와주고 있는지 궁금했다.

"우리나라는 코이카*한국 국제 협력단 라는 기관에서 바그람 한국 병원과 바그람 한국 직업 훈련원을 만들어 운영하고 있어. 그리고 초등학교와 고등학교 등 학교를 건설했지."

"우와, 잘됐다."

지훈이가 큰 소리로 말했다.

"애들아, 우리나라가 아프가니스탄을 돕는다니까 자랑스럽지? 아프가니스탄은 아파도 제대로 치료할 수 있는 병원이 없거든. 바그람 한국 병원은 하루에도 수백 명이 진료를 받고 있어. 그리고 직업 훈련원에서 자동차, 용접, 전기, 컴퓨터 등 기술을 가르치고 졸업 후에는 취업할 수 있는 기회도 제공하고 있어."

선생님 설명을 듣던 아이들 몇 명이 박수를 쳤다. 다른 아이들도 함께 박수를 쳤고, 선생님은 웃으며 지켜보았다.

"아직은 멀어 보이지만, 아프가니스탄 아이들도 조금씩 평화를 찾아가고 있어. 세계 어느 곳에서든 어린이가 살기 좋은 세상이 모두가 행복한 미래를 만드는 세상이거든."

선생님 설명이 끝났을 때 지훈이가 말했다.

"우리나라는 아프가니스탄을 잘 도와주는 친구네요. 그럼, 우리 어린이들도 서로 친구죠?"

"우와, 우리 반이 갑자기 세계 평화를 지키는 친구들이 된 것 같네!"

선생님이 말했다.

"하하하."

아이들의 웃음 소리가 교실을 채웠다.

"얘들아, 이제 아프가니스탄 아이들도 누구나 '나는 학교에 다닌다.'고 말하는 날이 올 거야."

Tip

- 유니세프: 국제연합아동기금이라고도 한다. 어린이를 돕는 국제연합 기구이다. 1946년 설립된 이래 전 세계 개발도상국 어린이들을 위하여 영양, 식수 공급 및 위생 기초 교육, 긴급 구호, 특히 어려운 처지의 어린이 보호 등의 사업을 펼쳤다. 유니세프는 인권과 평화 교육 사업, 어린이 보호 사업 등 어린이의 인권과 관련한 사업을 주로 한다.

- 코이카: 정부 차원의 대외 무상 협력 사업을 전담 실시하는 기관으로, '함께 잘 사는 인류 사회 건설'이라는 모토 아래 1991년 4월 설립되었다. 한국과 개발도상국의 우호 협력 관계 및 상호 교류를 증진하고 이들 국가들의 경제 사회 발전을 지원함으로써 국제 협력을 증진하는 것을 목적으로 한다. 주요 활동으로 전문가, 의사, 태권도 사범 등의 전문 인력 및 해외 봉사단 파견, 국제 협력 요원을 포함한 연수생 초청 사업, 국제 비정부 기구 지원, 개발 조사 및 물자 공여 사업, 아프가니스탄 지원 사업, 기타 프로젝트 사업 등을 전개하고 있다.

Balkan peninsula

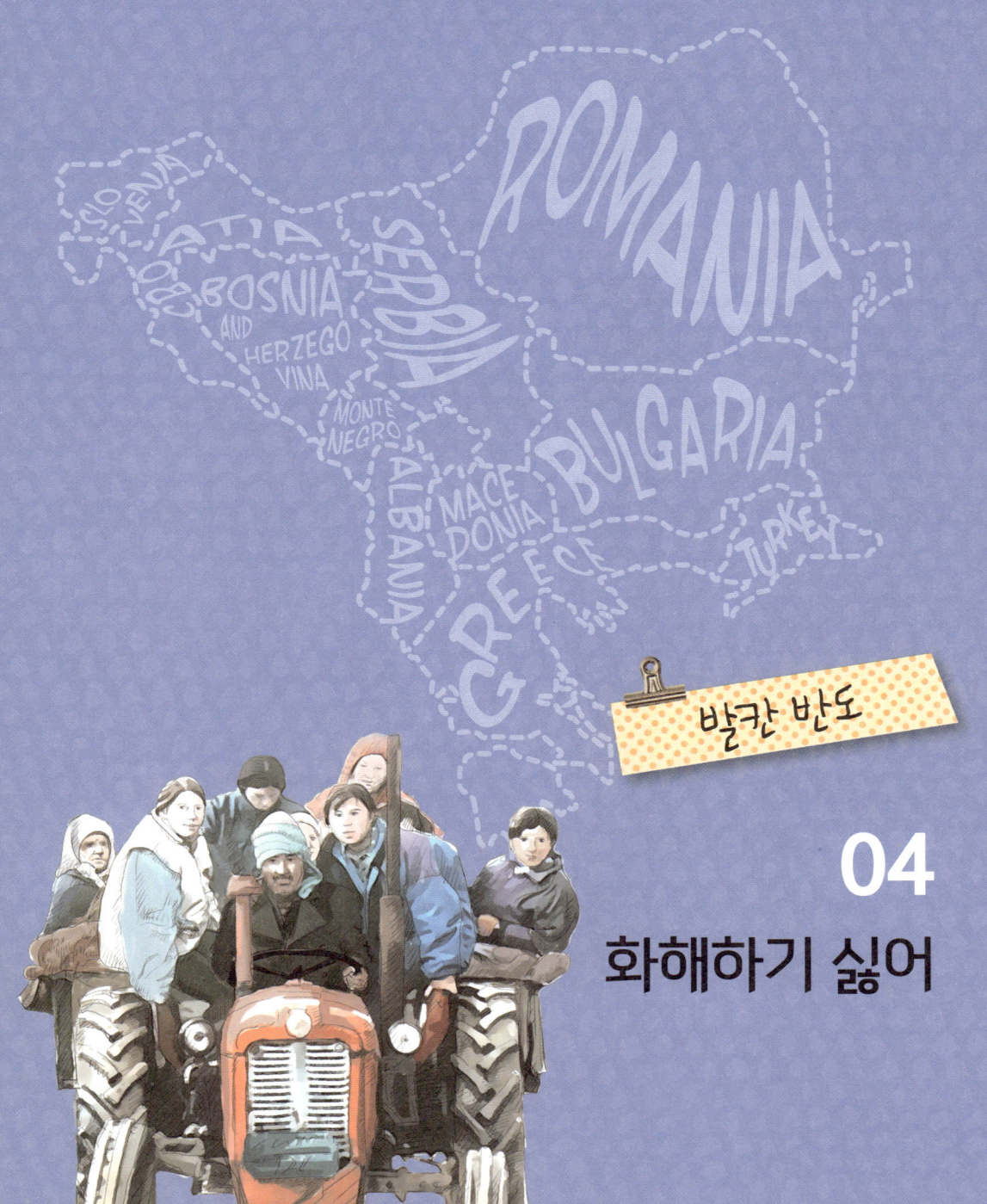

발칸 반도

04

화해하기 싫어

Balkan peninsula

1. 화해하기 싫어

"내 지우개 줘!"

시현이가 같은 모둠인 민영이에게 말했다.

"무슨 지우개?"

민영이가 새침해져서 말했다.

"어제 빌려 간 빨간 지우개 말이야."

"그거, 지금 없는데!"

"왜 없어? 남의 지우개를 잃어버리면 어떻게 해?"

시현이가 자기도 모르게 큰소리를 냈다.

"누가 잃어버렸대? 집에 있어. 주면 되잖아!"

민영이는 울음을 터뜨리며 말했다.

"왜 울어?"

시현이가 놀라서 말했다. 민영이가 울보인 걸 깜박 잊고 있었다. 민영이는 반에서 제일가는 울보다. 아니, 전교에서도 일등이다.

1, 2학년보다 더 잘 우는 것 같다.

민영이는 울면서 말했다.

"박시현. 너랑 안 놀아!"

시현이는 울고 화내는 민영이 때문에, 단단히 화가 났다.

"야!"

시현이는 꽥 소리를 질렀다.

"시현이, 왜 그래?"

선생님이 시현이를 보며 물었다.

'민영이 싫어, 미워!'

시현이는 선생님에게 꾸중 들을 생각을 하니, 짜증이 났다.

"왜 또 싸웠니? 너희들 어제도 말다툼했지? 선생님은 너희가 화해하기 바라면서 아무 말도 하지 않았더니, 이제는 더 싸우네."

선생님 이야기를 들으면서 민영이는 또 울었다.

선생님은 시현이와 민영이에게 왜 싸웠는지 물어보고, 지우개 때문에 한 사람은 화내고 소리치고, 또 한 사람은 울었다는 말을 듣고 이야기했다.

"얘들아, 너희들 서로 화를 내며 다투고, 또 다투고 계속 그러다 보면 화해하기가 점점 더 어려워진다는 거 알고 있니?"

'울기만 하면 다야!'

시현이는 선생님 이야기를 들으면서도 좀처럼 화가 풀리지 않았다.

"민영이와 시현이는 서로 성격이 다르고, 좋아하는 것도 달라. 그래도 둘은 한 모둠이고, 서로 존중하고 도움을 주고받아야 하는 거야."

"네."

선생님이 아이들에게 질문을 했다.

"여러분, 여러분은 절대로 싸우지 않지?"

"아니요. 형이랑 항상 싸워요."

언제나 씩씩한 현수가 먼저 큰 소리로 대답했다.

"누나랑 싸워요."

"친구랑도 싸워요."

아이들이 한마디씩 했다.

"솔직해서 좋네."

선생님이 웃으면서 말했다.

"어른들도 그래요."

"어른들은 더 많이 싸워요. 화해하는 것도 엄청 힘들어요!"

"맞아요!"

여기저기서 아이들이 또 한마디씩 했다.

"그래, 맞아. 여러분 말처럼 사람들이 사는 곳 어디서나 다툼은 있어. 나라와 나라가 싸우고, 아주 많은 사람이 불행해지는 전쟁도 일어나고."

"선생님, 발칸 반도에 있는 나라들은 오랫동안 싸움만 하고 화해하지는 않죠?"

평소에 역사에 관심이 많던 시현이가 말했다.

"그래. 그렇게 오랫동안 무섭게 싸우다 보면, 화해하기도 점점 어려워지거든. 발칸 반도는 어떤 곳이고, 왜 그렇게 싸우고 있는지 한번 알아보자."

2. 유럽의 화약고, 발칸 반도

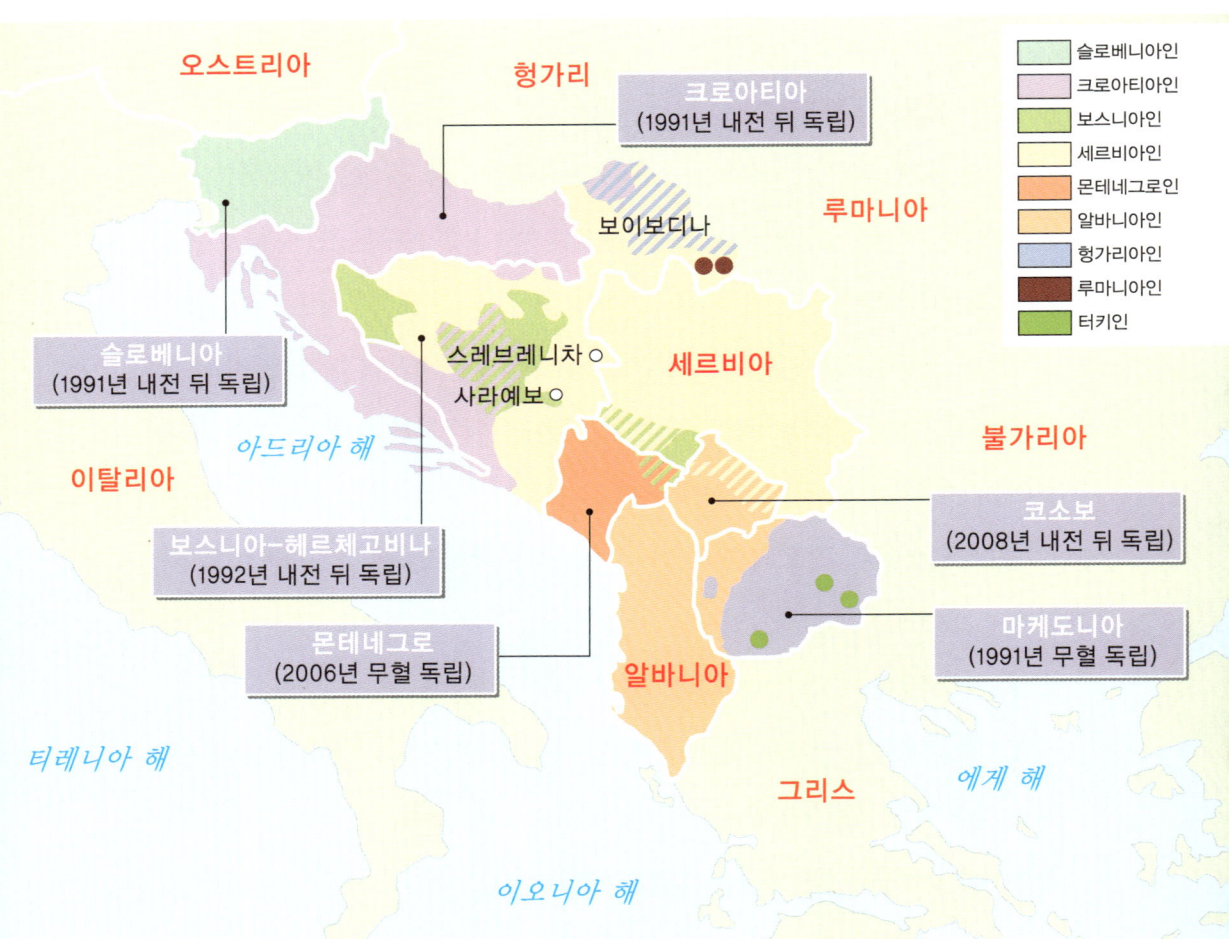

◉ 발칸 반도의 여러 나라들

발칸 반도는 유럽 대륙의 남쪽, 지중해의 동쪽에 위치한 삼각형 모양의 반도야. 그래서 유럽, 중동과 아시아를 잇는 관문 역할을 하지. 발칸이라는 이름은 불가리아와 세르비아에 걸친 발칸 산맥에서 유래하였어. 발칸은 터키어로 '산맥'을 뜻해. 발칸 반도는 이름처럼 산악 지대가 많아.

발칸 반도에는 그리스, 알바니아, 불가리아, 루마니아, 세르비아, 몬테네그로, 슬로베니아, 크로아티아, 보스니아-헤르체고비나, 마케도니아, 코소보 등의 나라가 있어. 발칸 반도에 거주하는 민족은 슬로베니아인, 크로아티아인, 세르비아인을 포함하는 슬라브족과 루마니아인, 터키인, 알바니아인, 그리스인이 많고, 그 밖에도 많은 소수 민족이 있어. 종교적으로는 그리스 정교*를 믿는 사람이 가장 많고, 개신교, 가톨릭교, 이슬람교를 믿는 사람도 있지.

발칸 반도는 고대부터 그리스와 로마 등 여러 세력의 지배와 간섭을 받았고 15세기 말부터 19세기 말까지 약 400년 동안 오스만 제국의 지배를 받았어. 근대에는 오스트리아, 러시아, 영국 등 여러 세력들이 발칸 반도에 진출하려고 하면서 다투었어. 발칸 반도는 이처럼 오랜 역사 속에서 여러 세력들이 다투면서 여러 민족과 종교가 섞이게 되었고 민족 간, 종교 간, 국가 간 갈등과 분쟁이 많은

지역이 되었어. 오늘날 발칸 반도는 '유럽의 화약고'라고 불러. 유럽에서 분쟁과 전쟁이 일어날 위험이 가장 높은 곳이라는 뜻이지. 제1차 세계 대전도 이곳에서 일어난 사라예보 사건*에서 비롯되었단다.

발칸 반도에는 제2차 세계 대전 때 티토*가 이끄는 유고슬라비아 연방이 세워졌어. 티토는 강력한 지도력으로 여러 민족과 국가를 통합하면서 연방을 유지해 왔어. 그런데 티코가 죽고 난 이후 여러 민족들이 민족주의를 내세우면서 갈등과 분쟁이 시작되었어. 연방에 속한 나라는 세르비아, 몬테네그로, 슬로베니아, 크로아티아, 보스니아-헤르체코비나, 마케도니아 등이었어. 그런데 연방에

속한 나라 중 슬로베니아, 크로아티아, 마케도니아, 보스니아-헤르체고비나가 1990년대에 연방에서 분리 독립하였고, 세르비아와 몬테네그로만 연방신유고슬라비아 연방으로 남았다가, 2006년에는 몬테네그로가 독립하면서 연방은 완전히 해체되어 버렸지.

　1990년대에 유고슬라비아 연방에 속해 있던 나라들이 분리 독립하면서 발칸 반도에서는 여러 차례 전쟁이 일어났어. 슬로베니아와 크로아티아 등이 독립을 선언하자 세르비아가 이들의 독립을 막으려고 군대를 보내면서 전쟁이 시작되었어. 당시 연방의 주도권을 잡고 있던 세르비아는 연방을 계속 유지하려고 했던 것이지. 전쟁은 슬로베니아, 크로아티아, 보스니아-헤르체고비나, 코소보 등 유고슬라비아의 거의 모든 지역에서 10여 년 동안 계속되었어. 특히 보스니아-헤르체고비나와 코소보에서는 '인종 청소*'라는 만행이 일어나기도 했어.

Tip

- 그리스 정교: 로마 제국이 동서로 분열한 이후, 콘스탄티노플을 수도로 한 비잔티움 제국 동로마 제국에서 발달한 크리스트교의 일파이다. 가톨릭과는 다른 독자적인 교리와 조직을 갖춘 교회로 주로 그리스, 헝가리, 러시아 등 동부 유럽에 신도들이 살고 있다.

- 사라예보 사건: 1914년 사라예보를 방문한 오스트리아–헝가리 제국의 황태자 부부가 세르비아의 청년에게 암살된 사건이다. 이에 오스트리아–헝가리 제국이 세르비아에 선전 포고하면서 전쟁이 시작되었다. 이때 유럽 열강이 이해관계에 따라 각각 양쪽에 가담하여 싸우면서 전쟁은 제1차 세계 대전으로 확산되었다.

- 티토 1892~1980: 구 유고슬라비아 연방의 대통령. 제2차 세계 대전 때는 독일 등에 맞서 싸웠으며, 유고슬라비아 연방의 대통령으로 소련식 사회주의를 거부하고 독자적인 사회주의를 목표로 한 비동맹 중립 외교의 정책을 펼쳤고, 민족적·종교적으로 복잡한 유고슬라비아의 통일을 지키며 경제 건설을 추진하였다.

- 인종 청소: '제노사이드'라고도 한다. 인종, 이념 등의 대립을 이유로 특정 집단의 구성원을 대량 학살하는 것을 말한다. 나치스의 유대인과 집시 학살, 캄보디아의 킬링필드, 보스니아–헤르체고비나, 코소보의 학살 등이 있었다.

3. 발칸 반도의 분쟁

:: 보스니아–헤르체고비나 전쟁

보스니아–헤르체고비나는 아드리아 해의 동쪽에 있으며 북쪽과 남쪽, 서쪽으로는 크로아티아, 동쪽으로는 세르비아, 동남쪽으로는 몬테네그로와 닿아 있어. 보스니아–헤르체고비나는 면적이

약 5만 km²로 우리나라 남한 99,720km²의 절반 정도이고, 인구는 400만 명 정도야.

보스니아-헤르체코비나에 살고 있는 주민은 크게 보스니아계와 크로아티아계, 그리고 세르비아계로 나눌 수 있어. 종교는 보스니아계는 이슬람교, 세르비아계는 그리스 정교, 크로아티아계는 가톨릭을 믿지. 이처럼 민족과 종교가 달라 갈등이 많았단다.

1991년 슬로베니아와 크로아티아의 독립 선언으로 시작된 전쟁은 유고슬라비아 전 지역으로 확산되었어.

1992년 보스니아-헤르체고비나는 국민 투표를 통해 연방에서 분리 독립을 선포했어. 독립을 주도한 것은 보스니아-헤르체고비나의 주민 중 보스니아계와 크로아티아계였어. 반면 세르비아계는 보스니아-헤르체고비나가 연방에서 독립하는 것을 반대했어. 그리고 자신들은 보스니아-헤르체고비나에서 분리 독립하겠다고 주장했어. 세르비아계는 유고슬라비아 연방의 주도권을 세르비아가 쥐고 있으니까 연방에 남으려고 했던 거지. 이러한 상황에서 유럽 연합*이 보스니아-헤르체고비나의 독립을 인정하자, 불만을 품은 세르비아계가 보스니아-헤르체고비나의 수도인 사라예보에 포격을 가하면서 전쟁이 시작되었어. 보스니아계와 크로아티아계가 한편

이 되었고, 세르비아계는 신유고슬라비아 연방세르비아의 지원을 받았어.

　세르비아의 지원을 받는 보스니아-헤르체코비나 내 세르비아계는 1995년 스레브레니차 학살 사건과 같은 '인종 청소'라는 만행을 저질렀어. 스레브레니차는 세르비아와 접경 지대인 보스니아-헤르

체코비나 동부에 있는 도시로 유엔이 '안전 지역'으로 선포한 피란민 주거지였어. 그런데 세르비아계는 스레브레니차에서 자신들에게 저항할 수 있는 10대부터 50대까지 남성 중 보스니아-헤르체코비나 이슬람교도들을 학살하고, 집단 무덤을 파서 묻었어. 이때 약 7천 명의 보스니아-헤르체코비나 이슬람교도들이 학살당했어. 이 사건은 제2차 세계 대전 이후 유럽에서 일어난 최악의 민간인 학살 사건이야. 뿐만 아니라 세르비아계는 보스니아-헤르체코비나계 여성들에게 인종 청소를 목적으로 성폭력을 저지르기도 했어.

| 스레브레니차에서 학살되어 집단으로 파묻힌 흔적을 발굴하는 모습

전쟁은 1995년 데이턴 평화 협정*이 체결되어 끝났어. 전쟁은 3년 8개월 동안 20만 명 이상의 희생자와 230만 명의 난민을 낳았어. 그러나 전쟁의 후유증이 계속되며 민족 간, 종교 간 갈등이 계속되고 있지.

전쟁 뒤 보스니아-헤르체고비나는 두 개의 공화국으로 구성된 연방이 되었어. 두 공화국은 보스니아계와 크로아티아계 주민들로 구성된 '보스니아-헤르체고비나 연방'과 세르비아계 주민들의 '스르프스카 공화국'이야.

Tip

- 유럽 연합: 독일, 프랑스, 영국, 아일랜드, 벨기에, 네덜란드, 룩셈부르크, 덴마크, 스웨덴, 핀란드, 오스트리아, 이탈리아, 스페인, 포르투갈, 그리스, 체코, 헝가리, 폴란드, 슬로바키아, 리투아니아, 라트비아, 에스토니아, 슬로베니아, 키프로스, 몰타, 불가리아, 루마니아, 크로아티아 등 28개국을 회원국으로 하며, 1993년 창립되었다. 유럽 연합을 창립한 목적은 무엇보다 먼저 유럽 내 단일 시장을 구축하고 단일 통화를 실현하여 유럽의 경제·사회 발전을 촉진하는 것이다.

- 데이턴 평화 협정: 1995년 미국 오하이오 주 데이턴에서 미국의 중재로 이루어진 협정이다. 주요 내용은 유고슬라비아 내전 종식, 보스니아-헤르체고비나 독립, 보스니아 세르비아계의 자치권 부여이다.

:: **코소보 전쟁**

　코소보는 세르비아의 남쪽에 있는 나라야. 코소보의 면적은 약 1만km² 정도로 우리나라의 경기도와 비슷하고, 인구는 약 200만 명 정도야. 코소보의 주민은 알바니아계가 90%, 세르비아계가 10% 정도이고, 종교는 알바니아인은 이슬람교, 세르비아인은 그리스 정교야.

　코소보는 중세 세르비아 왕국의 중심지였어. 그런데 14세기 말 오스만 제국에게 나라를 빼앗겼지. 이후 알바니아인들이 많이 이주해 살기 시작해 코소보 주민의 대다수가 알바니아계가 되었어. 그러나 1912년 발칸 전쟁*을 계기로 코소보는 세르비아의 지배를 받게 되었고 1974년에는 세르비아의 자치주가 되었단다.

　코소보의 절대 다수를 차지하는 알바니아계 주민은 코소보가 세르비아로부터 분리 독립하기를 원했어. 반면 세르비아는 코소보가 세르비아 민족주의*의 상징적인 곳이기 때문에 코소보의 독립을 허용할 수 없었어.

　세르비아 정부가 코소보에서 인종 차별 정책을 쓰면서 분쟁이 시작되었어. 1989년 세르비아는 코소보의 자치권을 폐지했어. 그리고 공공 기관 및 국가 기관에 종사했던 코소보 출신 알바니아인들을 해고했지. 알바니아계 주민들은 세르비아 정부의 인종 차별 정책에 반대하는 시위를 벌였어. 그러나 시위는 세르비아 정부의 군대에 의해 진압되었단다.

유고슬라비아 연방의 해체 이후 코소보에서 알바니아계와 세르비아계 간의 갈등은 더욱 커졌어. 1998년 3월 초 코소보의 알바니아인들이 세르비아 경찰을 공격하면서 코소보 전쟁이 시작되었어. 세르비아 경찰은 반격에 나서 반군은 물론, 반군들이 몰려 있는 지역의 주민들을 대량 학살했어. 알바니아계 주민들은 세르비아 정부의 탄압에 맞서 대규모 시위를 벌였어.

이에 세르비아 정부는 대규모 소탕 작전을 전개하여 수십 명의 알바니아계 반군을 사살하고, 알바니아계 주민들을 대상으로 이른바 '인종 청소' 작전을 펼쳤어. 이때 수십만 명의 알바니아계 주민들이 코소보를 탈출했어.

미국과 유럽 연합은 세르비아에게 군대의 철수, 인종 청소의 중단 등을 요구했어. 그러나 세르비아군은 미국 등의 요구를 무시하고 계속해서 알바니아계 주민들을 학살했어.

1999년 3월 나토가 세르비아에 대해 공습을 시작하였고, 결국 세르비아 정부는 유엔의 평화 계획을 승인하고 코소보에서 군대를

철수하게 되어 전쟁은 끝이 났어. 이후 코소보는 유엔이 관리하게 되었어. 그러나 코소보에서 알바니아계와 세르비아계의 갈등은 계속되었어.

2002년 코소보에서 선거가 실시되어 자치 행정 기구가 설립되었으나 세르비아계는 이 기구를 인정하지 않았어. 2008년 코소보는 세르비아로부터 독립을 선언하였고, 유럽 연합의 회원국 다수가 코소보를 주권국으로 인정했어. 그러나 유럽 연합의 일부 국가는 세르비아를 지지하면서 코소보의 승인을 거부했어. 이들 국가가 코소보의 독립을 인정하지 않는 이유는 코소보의 독립이 자국의 분리주의 운동에 영향을 줄 수 있다고 생각하기 때문이지.

아직도 세르비아와의 접경 지역인 코소보 북부에 사는 세르비아계 주민들은 코소보 정부를 인정하지 않고 코소보 정부에 저항하고 있단다.

Tip

- 발칸 전쟁: 1912년~1913년 발칸 반도에서 두 차례에 걸쳐 일어난 전쟁이다. 발칸 반도의 여러 국가(불가리아, 세르비아, 그리스, 몬테네그로)들은 1912년 발칸 동맹을 맺었다. 제1차 발칸 전쟁은 1912년 발칸 동맹이 러시아의 지원을 받아 오스만

제국을 공격하여 오스만 제국이 패배하는 것으로 끝이 났다. 이후 오스만 제국은 유럽 지역의 영토를 거의 상실했고, 알바니아가 독립했으며, 알바니아를 제외한 영토는 발칸 동맹의 국가들이 분할하여 점령하였다.

제2차 발칸 전쟁은 제1차 발칸 전쟁 결과 영토 분배를 둘러싼 발칸 동맹 내부의 대립이 심화되어 일어났다. 1913년 불가리아가 세르비아와 그리스를 공격함으로써 제2차 발칸 전쟁이 일어났다. 이에 몬테네그로, 세르비아, 그리스, 루마니아 등의 국가들이 불가리아에 선전포고를 하고 공격을 개시하여 불가리아가 패배하였다. 결국 불가리아는 제1차 발칸 전쟁에서 획득한 영토를 모두 잃고 말았다.

• 세르비아 민족주의: 세르비아를 중심으로 통일된 남슬라브 국가를 건설하려는 민족주의이다. 중세 세르비아 왕국은 14세기 말 코소보 전투에서 오스만 제국에게 패배하고 오스만 제국의 지배를 받게 되었다. 이후 코소보는 민족의 위기 때마다 민족정신을 고취시키는 세르비아 민족주의자들의 주요 성지가 되었다.

4. 화해와 평화로 가는 다리

선생님은 서로 엄청난 상처를 입고 끔찍한 일을 겪은 발칸 반도에 있는 나라에서도 화해와 평화를 위해 노력하고 있다고 했다.

"보스니아-헤르체고비나의 모스타르라는 도시에는 아름다운 다리가 있어. 이 다리는 보스니아-헤르체고비나에서 가장 유명한 다리야. 이 다리는 16세기에 만들어졌는데 1993년에 무너졌어."

"왜요?"

"강을 사이에 두고 한 쪽에는 가톨릭교도, 또 다른 한쪽에는 이슬람교도가 살고 있었어. 그런데 두 세력 사이에 전쟁이 벌어져서 서로 오고갈 수 없도록 다리를 폭파한 거야."

"……."

"그런데 이 다리가 2005년 유네스코 세계 문화유산에 등재됐단다."

"어떻게요? 무너진 다리도 세계 문화유산이 될 수 있어요?"

"그건 아니야. 무너진 다리를 복원한 거지. 다리가 무너지면서 강바닥에 가라앉았던 조각들을 맞춰서 2004년에 복원한 거야."

"휴, 다행이다."

시현이가 말했다.

"그래. 유네스코 세계 문화유산에 등재된 이유도, 이 다리가 내전을 겪은 보스니아-헤르체고비나의 평화를 염원하는 상징이고, 다양한 문화적·민족적·종교적 배경을 가진 사회가 공존할 수 있음을 보여 주기 때문이라고 해."

"다리가 다시 놓인 것처럼, 사람들도 더 이상 싸우지 말고 사이

복원된 모스타르 다리

좋게 지내면 좋겠어요."

"그래. 그곳에 사는 사람들도 상처를 치유하고, 평화를 되찾으려고 해. 그렇지만 워낙 많은 사람이 죽고, 많은 것이 파괴된 전쟁이라 시간과 더 많은 노력이 필요하지."

"그런데 너희들은 어떤 때 화를 내고 싸우니?"

선생님이 아이들을 둘러보며 물었다.

"누가 내 물건을 맘대로 하거나, 뺏을 때요."

시현이가 민영이를 한번 쳐다보고 나서 말했다.

"남이 나를 못살게 굴며, 놀리고 꼬집을 때 화가 나요. 내 말은 듣지도 않고 자기 말만 할 때는 머리끝까지 화가 나요."

이번에는 민영이가 말했다.

"그럴 때는 누구나 화가 나지. 당연한 일이야! 그리고 잘못한 것도 없는 것 같은데 선생님이나 부모님이 너희들을 혼낼 때도 화가 나지?"

"네!"

아이들이 큰 소리로 대답했다.

"그럼, 화가 날 때마다 친구랑 싸우면 어떻게 될까?"

선생님이 다시 물었다.

"날마다 화해해야 하는데 다툰 후에 화해하는 것은 정말 힘들 것 같아요."

민영이가 작은 목소리로 대답했다.

"화해하는 건 힘든 게 아니야. 중요한 것은 화해하고 친구와 우정을 지켜 나가려는 마음이야. 잘못한 사람은 사과하고, 사과를 받은 사람은 용서해야 하지. 말과 행동으로 말이야."

선생님의 이야기를 듣고 나서 민영이가 시현이에게 말했다.

"시현아, 미안해."

"괜찮아, 나도 미안해. 네 말을 끝까지 듣지 않고 오해해서."

선생님은 둘의 모습을 보며 말했다.

"발칸 반도 사람들도 너희들처럼 서로 사과하고 용서하고 평화를 위해 노력하면 언젠가는 친구처럼 다정하게 살 수 있을 거야."

KAVKAZ

Kavkaz

1. 우린 서로 달라!

쉬는 시간이었다.
준혁이가 하늘이 옆을 지나며 작은 소리로 뭐라고 말했다.
"아, 짜증나!"
하늘이는 자기도 모르게 소리쳤다.
아이들이 하늘이를 모두 쳐다봤고, 선생님은 하늘이를 불러 물었다.
"하늘아, 왜 그러니?"
"준혁이가 저보고 자꾸 왕따래요."

하늘이는 화가 난 목소리로 대답하며, 준혁이를 쳐다보았다.

"준혁이가 그렇게 부르니까 다른 아이들도 저를 보고 왕따라고 놀리고 같이 놀지도 않아요."

하늘이는 씩씩대며 계속 말했다.

"준혁아, 하늘이한테 왜 그렇게 말했니?"

"이하늘 왕따 맞아요!"

준혁이는 생각하지도 않고 쉽게 대답했다.

"선생님은 하늘이와 준혁이가 친한 줄 알았는데, 싸웠니?"

"아니요. 이하늘하고는 친해지고 싶어도 친할 수가 없어요. 우린 서로 달라요."

준혁이는 이번에도 발표를 하는 것처럼 당당하게 말했다.

"준혁이랑 하늘이, 선생님이랑 이야기 좀 할까?"

선생님은 두 아이에게 말했다.

하늘이는 선생님 앞에서 기다렸다는 듯 말을 쏟아 냈다.

"선생님, 준혁이가 저보고 외계인이래요. 제가 다른 아이들 물건을 만질 때마다 외계인이 만지면 바이러스에 감염된다는 말을 했어요. 어제는 제 필통을 숨겨 놔서 또 얼마나 찾았는데요."

"준혁이 정말 그랬어?"

준혁이는 대답을 하지 않았다. 그래서 다시 한 번 묻자, 겨우 고개를 끄덕였다.

"준혁아, 너 하늘이한테 외계인이라고 했니?"

"네."

준혁이는 하늘이를 힐끔 쳐다보더니 아무렇지도 않게 대답했다.

"준혁아, 그런데 하늘이가 진짜 외계인이야?"

"……."

"선생님이 궁금해서 그래. 외계인이면 하늘도 막 날아다니고 그러는 거 아니야?"

선생님 이야기에 아이들이 여기저기서 쿡쿡 웃었다.

"그건 아니에요. 하늘이는 진짜 이상해요. 축구도 싫어하고, 여자애처럼 놀아요. 그러니까 외계인 같아요."

"준혁이는 축구를 좋아하고 잘하면 지구인이고 못하면 외계인이야? 그럼 선생님도 외계인이겠네."

선생님 이야기를 듣던 준혁이는 웃음을 참고 대답했다.

"선생님은 여자잖아요."

하늘이도 웃음이 났다.

"그래? 그럼, 선생님은 외계인이 아니네. 하늘아, 그럼 너도 준혁이가 외계인 같니?"

선생님이 이번에는 하늘이에게 물었다.

"아니요. 그냥 같은 반 친구이예요."

"알았어. 둘은 자리로 돌아가고 다른 친구들과 함께 이야기해 보자."

선생님은 아이들에게 말했다

"얘들아. 너희들 중 똑같은 사람 있니?"

"아니요. 없어요. 일란성 쌍둥이도 다르다고 했어요."

누군가가 말했다.

"사람들은 모두 생김새도 다르고, 성격도 달라. 좋아하는 것도 다 달라! 다르다는 것은 너무나 당연한 일이야. 그것 때문에 미워하고 화를 내면 안 돼!"

선생님이 이야기했다.

"너희들 같은 반 친구를 싫어하는 별명으로 부르고, 왕따라고 기분 나쁜 말을 하는 것도 학교 폭력이라는 거 알지?"

"네."

"너희들이 같은 반인데 한 명 한 명 다른 것처럼 세계의 여러 나라는 민족과 문화와 역사, 종교 등 많은 것이 달라."

"그렇죠."

"유럽과 아시아를 잇는 캅카스라는 지역이 있어. 이곳은 특히 언어와 민족, 종교가 다른 많은 사람들이 살고 있어. 이곳 사람들은 여러 가지 이유 때문에 분쟁을 벌이고 있지. 이곳에 대해 알아보자."

2. 캅카스, 민족과 언어의 산

캅카스는 '민족과 언어의 산'이라고 불리기도 해. 살고 있는 민족이 많고 사용되는 언어가 많기 때문이지. 캅카스는 예로부터 민족 이동이 심했던 지역일 뿐만 아니라 그리스, 이란, 아라비아, 몽골, 터키 등이 번갈아 가며 지배했기 때문에 원주민과 외래 정복 민족이 뒤섞여 민족 구성이 복잡해. 50여 민족 약 2천만 명이 섞여 살고 있을 뿐만 아니라 40여 개의 언어가 사용되고 있어.

캅카스 지역은 북쪽은 러시아, 남쪽으로는 이란과 터키, 서쪽은 흑해, 동쪽은 카스피 해와 접하고 있는 곳이야. 캅카스 지역의 중심에는 동서로 1200km에 걸쳐 있는 캅카스 산맥이 있어. 캅카스

| 유럽 최고봉 엘브루스 산

산맥에는 유럽 최고봉인 엘브루스 산5,642m이 있고, 캅카스 산맥 남쪽남캅카스 지역에는 아제르바이잔, 조지아*, 아르메니아 세 나라가 있고, 산맥 북쪽북캅카스 지역에는 러시아 연방의 영토로 연방 내 자치국인 다게스탄, 체첸, 잉구셰티야, 북오세티야 등이 있어.

　근대에는 오스만 제국, 이란, 러시아 등이 캅카스 지역을 둘러싸고 쟁탈전을 벌였어. 결국 1828년 러시아가 캅카스 지역 전체를 차

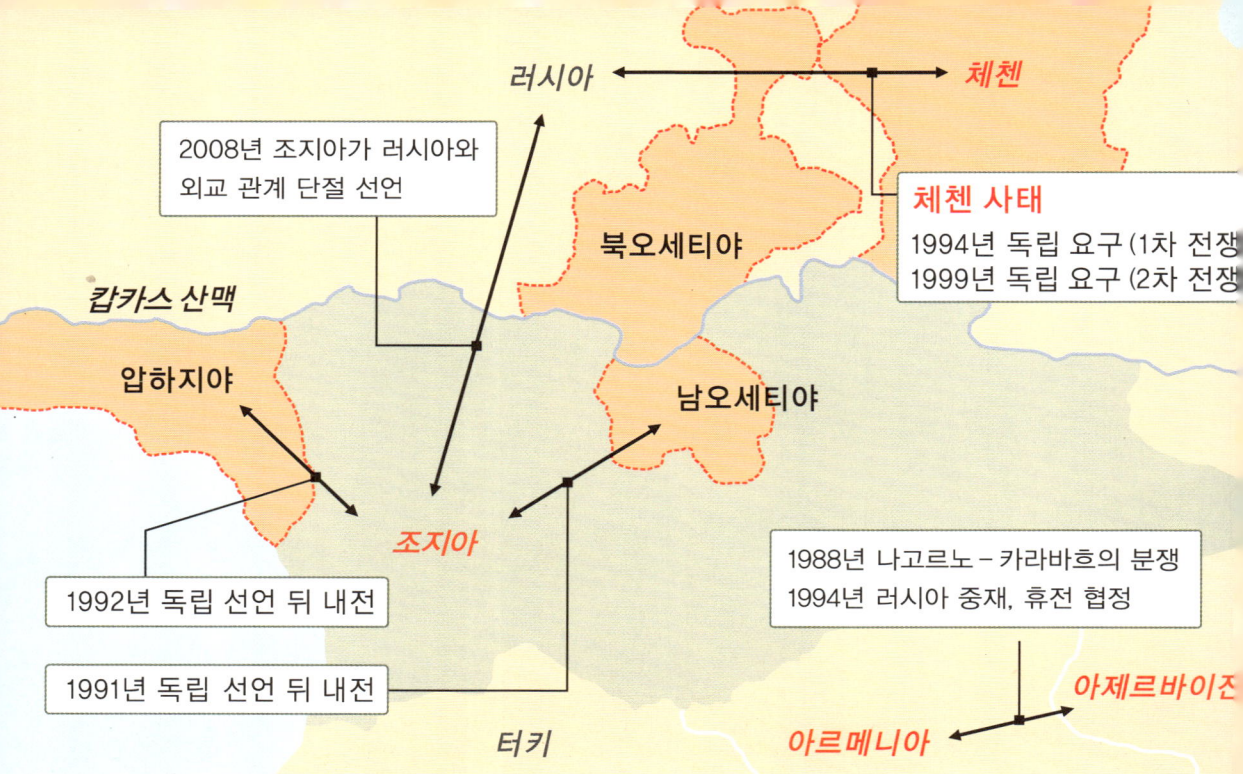

◉ 캅카스 지역 분쟁

지하였지. 캅카스 지역은 러시아 혁명 이후에 소비에트 연방소련에 편입되었단다.

그런데 1991년 소련 붕괴를 전후하여 남캅카스 지역의 3국은 독립하였고, 북캅카스 지역의 나라들은 러시아 연방에 속하게 되었어. 그러나 캅카스 지역의 소수 민족들이 소련의 붕괴 전후부터 최근까지 분리 독립하려고 하면서 분쟁이 계속 일어나고 있어.

캅카스 지역과 동쪽의 카스피 해는 석유와 천연가스 등 에너지 자원이 풍부해. 그리고 석유와 천연가스를 유럽과 아시아로 공급하기 위한 송유관이 있어. 그래서 러시아와 미국 및 서방 국가들은 이 지역의 에너지 자원을 안정적으로 확보하기 위해 경쟁하고 있단다.

Tip

• 조지아: 소비에트 연방에 속한 나라였으나, 소련이 붕괴한 후 독립하고 2008년 러시아와 외교 관계를 끊기로 선언하고 나라 이름도 러시아어식 이름인 그루지야에서 영어식 이름인 조지아로 바꾸었다.

더 알고 싶어요!

제2의 페르시아 만, 카스피 해

◉ 캅카스 지역의 송유관

캅카스의 동부에는 육지에 둘러싸인 바다인 카스피 해가 있어. 카스피 해는 한반도의 2배에 가까울 정도로 커. 카스피 해는 크기나 염분으로 보면 바다이지만 사방이 육지로 둘러싸여 있기 때문에 호수라고 볼 수도 있어.

카스피 해 주변에는 러시아, 아제르바이잔, 투르크메니스탄, 카자흐스탄, 이란 등의 나라가 있어.

카스피 해는 세계적인 석유 산지야. 원유 매장량이 중동 지역의 3분의 1 정도로 알려져 있어. 그래서 제2의 페르시아 만으로 불리지. 또한 카스피 해는 천연가스가 세계에서 가장 많이 매장되어 있는 곳이야.

이 지역에서 생산된 석유와 천연가스는 송유관과 가스관으로 흑해나 지중해 쪽으로 운송되어 유럽과 아시아 등지로 수출되고 있어. 석유가 운송되는 송유관에는 통행료 등 막대한 정치·경제적인 이권이 걸려 있어. 그래서 송유관이 지나가는 지역에서는 분쟁이 많이 일어나지. 캅카스 지역에서 분쟁이 많은 이유도 송유관이 그 지역을 지나가기 때문이야.

얼마 전까지만 해도 카스피 해 주변의 송유관은 러시아 송유관밖에 없었어. 그래서 러시아가 송유관의 이권을 독차지했지. 그런데 2005년 미국과 유럽 국가들이 자본과 기술을 투자하여 이 지역에 송유관을 건설했어. 아제르바이잔의 바쿠에서 조지아의 트빌리시를 거쳐 터키의 세이한까지 가는 송유관BTC 송유관이야. 미국은 이 송유관을 보호하기 위해 아제르바이잔에 군사 기지를 만들었으며 합동 군사 훈련도 하고 있어. 이 송유관은 카스피 해의 석유가 러시아 땅을 지나지 않는 최초의 송유관이야. 이 송유관이 완공되면서 미국과 러시아 간 경쟁이 더욱 치열해졌어.

3. 캅카스 지역의 분쟁

:: 북캅카스 지역, 체첸 분쟁

체첸은 러시아 연방에 속한 나라로 북캅카스 지역의 중심에 있어. 체첸은 우리나라 경상북도 정도의 크기19,000km²로 인구는 약 120만 명 정도야. 주민 대부분은 이슬람교를 믿고 있지.

체첸은 페르시아, 오스만 제국, 제정 러시아 등 끊임없이 열강의 침입을 받았어. 18세기 후반에는 러시아의 남진 정책에 대항해 싸웠으나 결국 러시아에 강제적으로 합병되었지. 그러나 이후에도 체첸은 러시아에 맞서 싸웠어. 제2차 세계 대전 중에도 체첸은 소련으로부터 독립하려고 소련과 싸웠어. 스탈린*은 이에 대한 보복으로 체첸인들을 카자흐스탄과 시베리아 등지로 강제 이주시켰어. 강제 이주 과정에서 40만 명 이상의 사람들이 죽었지. 스탈린이 죽고 난 뒤에 체첸인은 고향으로 돌아올 수 있었단다.

체첸은 1991년 소련이 해체되자 독립을 선언했어. 그러나 러시아는 체첸의 독립을 인정하지 않았지. 그래서 두 차례 체첸 전쟁이 일어났단다. 제1차 체첸 전쟁1994년 때는 러시아가 체첸의 수도인 그로즈니를 점령했고, 체첸 반군들은 산악 지역으로 거점을 옮

| 체첸 전쟁 중 부상당한 군인

겨 러시아와 싸웠어. 러시아군은 체첸을 공격하여 대량 폭격, 약탈, 강간, 학살을 저질렀지. 제2차 체첸 전쟁 1999년은 체첸 반군이 다게스탄을 공격하면서 일어났어. 이때 체첸 반군은 체첸과 다게스탄을 합친 이슬람 공화국을 만들겠다고 선언했지. 체첸 반군들의 폭탄 테러와 공격이 계속되자 러시아군은 '반테러 작전'이라는 명분을 내세워 다게스탄과 체첸을 폭격했단다.

체첸 전쟁은 끝났으나 체첸 반군의 저항은 계속되었어. 체첸 반군은 여러 차례 폭탄 테러와 인질극을 벌였어. 체첸 반군의 인질 협상 조건은 체첸에서의 러시아군 철수와 체첸의 독립이었어. 그러나 러시아는 인질범들과 협상은 없다고 하면서 강경하게 대처했어.

  2002년 모스크바 극장 인질 사건 때는 인질범을 진압하기 위해 극장 안에 독가스를 살포하였단다. 그 때문에 130여 명이 죽었지. 2004년 베슬란 초등학교 인질 사건 때는 체첸 반군에 의해 1천 명이 넘는 인질들이 잡혀 있었는데 특수 부대를 투입하여 400여 명이 죽었어. 400명 중 200여 명이 아이들이었지.

체첸은 자신들이 러시아와는 민족, 언어, 역사와 문화가 다르고, 종교도 다르며, 자신들의 영토를 러시아가 무력으로 지배해 왔기 때문에 러시아로부터 독립해야 한다고 주장하고 있어. 그리고 북캅카스 지역의 다게스탄, 잉구셰티아, 북오세티야를 아우르는 캅카스 이슬람 공화국을 건설하기 위해 러시아와 싸운다고 주장하고 있지.

반면 러시아는 체첸이 전략적, 경제적으로 매우 중요한 지역이기 때문에 체첸의 분리 독립을 승인하지 않고 있어. 체첸은 러시아가 터키, 이란 등 남서부로 진출하기 위한 관문이고, 북캅카스 철도 교통의 중심지야. 뿐만 아니라 체첸은 연간 260만 톤의 원유 생산지이며, 송유관이 교차하는 중심지이기 때문에 경제적으로 매우 중요한 곳이야.

러시아는 체첸의 독립을 승인할 경우 러시아 연방에 속해 있는 다른 소수민족들의 분리 독립 요구가 계속될 것을 염려하여 체첸의 독립 요구를 무시하고 있어.

> **Tip**
>
> - 스탈린 1879~1953 : 조지아 출신. 레닌의 후계자로 소련의 서기장을 지냈다. 반대파에 대한 대숙청과 반혁명 재판 등을 통해 권력을 독점했다. 스탈린에 대한 인민들의 평가는 신적 숭배에서 그가 죽은 뒤 독재자로 격하되었다.

:: 남캅카스 지역, 조지아 분쟁

조지아는 남쪽으로 터키·아르메니아, 남동쪽으로 아제르바이잔,

북쪽으로 러시아와 접하며, 서쪽으로 흑해에 접해 있어. 수도는 트빌리시야이고 면적은 69,700km² 정도로 대한민국99,720km²보다 작고 인구는 460만 정도야. 조지아에는 남오세티야*, 압하지야, 아자리야 등의 자치국이 있어.

조지아는 남캅카스 지역 중에서 최근까지 분쟁이 가장 많이 일어난 곳이야. 조지아는 석유와 천연가스 등 에너지 자원의 보고인 카스피 해로 가는 길목에 위치해 있어. 그리고 미국 등 서방 세계가 건설한 송유관이 지나고 있는 곳이지. 그래서 미국과 러시아는 조지아를 자국의 영향력 아래 두기 위해 경쟁하고 있어.

러시아 혁명* 이후 조지아 출신이었던 소련의 스탈린은 남오세티야, 압하지야 등의 자치주들을 조지아로 합병하였어. 그리고 그곳에 살던 민족들을 추방하고, 천연 자원 및 에너지 자원들을 국유화하고 그곳에 새로운 민족들을 이주시키는 정책을 실시했어. 그래서 조지아는 민족적으로 복잡하고 갈등이 많은 지역이 되었지.

조지아는 소련 붕괴 후 외교적으로 친서방 노선을, 경제적으로 자유 경제 체제를 채택하고, 미국과 유럽 연합으로부터 투자를 유치했어. 그리고 조지아 내 자치국들의 자치권을 없애고 하나로 통합하려고 했지. 그러자 남오세티야와 압하지야 등 조지아 내 자치국들은 조지아의 통합 정책에 반대했고, 오히려 조지아에서 독립해 러시아 연방에 속하겠다고 했어.

남오세티야와 압하지야가 조지아로부터 독립을 선언하자, 조지아가 독립을 막으려고 하면서 분쟁이 일어났어. 1991년에는 조지아와 남오세티야 간, 1992년에는 조지아와 압하지야 간에 전쟁이 일어났지. 2008년에는 조지아가 남오세티야를 침공하면서 전쟁이 시작되었는데, 러시아가 남오세티야에 살고 있는 러시아 사람들을 보호한다는 명분으로 군대를 파견하여 전쟁이 조지아와 러시아 간 전쟁으로 확대되었다가 프랑스의 중재로 전쟁이 끝났어.

러시아는 조지아로부터 독립을 선언한 남오세티야와 압하지야의 평화 유지를 구실로 군대를 파병하였고, 미국은 조지아에 군대를 훈련하도록 자금을 지원하고 있으며,

송유관 보호를 명분으로 조지아에 공군 기지를 설치했어.

　미국과 유럽 연합의 지원을 받은 조지아는 독립을 선언한 남오세티야와 압하지야 등에 대해 자국의 영토라고 주장하고 있고, 러시아는 남오세티야와 압하지야를 지원하고 있어서 조지아와 자치국들의 갈등은 계속되고 있어.

Tip

- **남오세티야**: 오세티야인은 캅카스 산맥의 남북에 살고 있다. 캅카스 산맥의 북쪽에 있는 북오세티야는 러시아 연방에 속하고, 산맥의 남쪽에 있는 남오세티야는 조지아의 자치국이었다. 남오세티야의 오세티야인들은 조지아로부터 독립해서 북오세티야와의 통합할 것을 주장하면서 1991년 조지아와 전쟁을 벌였다.

- **러시아 혁명**: 1917년 러시아에서 일어난 3월 혁명과 10월 혁명을 아울러 이르는 말. 이로 인해 제정 황제가 다스리는 군주 제도의 정치 러시아가 멸망하고 세계 최초의 사회주의 국가인 소련이 탄생하였다.

4. 전쟁과 평화

"선생님, 전쟁은 왜 일어나요?"

하늘이는 심각한 말투로 물었다.

"그래, 궁금하지? 많은 아이들이 궁금하게 생각할 거야. 지구 어디에선가는 지금도 전쟁이 벌어지고 있어. 끔찍한 전쟁이 일어나는 곳이 따로 있는 것도 아니야. 우리나라만 해도 60여 년 전에 전쟁이 일어났어."

선생님은 천천히 아이들을 둘러보며, 말을 이었다.

"우리가 오늘 함께 이야기한 캅카스는 물 좋고 공기가 맑아 세계적인 장수 지역으로 꼽히는 곳이야. 이곳 사람들은 어서 빨리 전쟁의 공포에서 벗어나 자연 속에서 조용히 살아가길 원해. 이곳뿐 아니라 모든 사람은 전쟁이 아니라 평화를 원해. 그런데도 왜 전쟁이 일어날까? 스스로 한번 생각해 보자."

선생님이 말했다.

"다른 나라를 빼앗아 땅이나 재산을 차지하려고요!"

"종교 때문에도 일어난대요."

"자기 나라를 위해서요."

한참 뒤에 아이들 몇 명이 대답했다.

"그래, 전쟁은 조금 전에 너희들이 말한 이유들 때문에 일어나. 종교는 서로 사랑하고 평화롭게 지내라고 가르치지. 그런데 바로 그 종교의 이름으로 서로 죽이고, 죽기도 해. 이상하지?"

아이들이 조용히 고개를 끄덕였다.

"자기 나라를 위해 전쟁을 한다고 했는데, 나라를 위한다는 애국심으로 자기 나라만의 이익만을 생각하게 된다면 문제가 생기는 거지. 종교에 대한 믿음이나 애국심이 정도가 지나치면 전쟁을 일으키게 될 만큼 위험해지는 거야."

"선생님, 그런데요. 전쟁이 나쁘다는 것은 누구나 알고 있잖아요. 전쟁을 막을 수는 없나요?"

손을 들고 자리에서 일어난 준혁이가 질문했다.

"우리가 학교 폭력에 대해 이야기할 때 나눴던 말 생각나니?"

"네! 사람들 모두 생김새와 성격, 좋아하는 게 다르고, 그것 때문에 미워하거나 화를 내면 안 된다고 했어요."

"잘 기억하고 있네. 같은 반에서 지내는 너희들도 서로가 다르다는 것을 인정해야 하는 것처럼, 지구촌에 사는 사람들도 민족과 종교, 문화가 다른 나라들이 그들과 다르다는 것을 존중하고 인정해

북오세티아 학교 인질극 러시아 북오세티아 학교 인질극이 러시아 특수 부대 요원의 진압 작전으로 막을 내린 가운데 사람들이 인질로 잡혀 있다가 사망한 희생자의 사진을 보며 슬퍼하고 있다.

야 해."

선생님은 지구에 사는 모든 사람과 나라들이 그렇게 하면, 전쟁이나 폭력이 설 자리가 없어질 것이라고 했다.

"이번에는 선생님이 어려운 질문을 해야겠다. '평화'란 무엇일까?"

아이들은 한동안 조용히 있었다. 고개를 갸웃거리고, 머리를 긁적이고, 턱을 괴고 생각하는 아이들도 있었다.

한 아이는 학교 폭력이 없는 게 평화라고 했고, 엄마 아빠가 잔소리를 하지 않는 것도 평화라고 말한 친구도 있었다.

하늘이는 오늘 선생님이 들려준 캅카스 지역의 아이들이 우리처럼 학교에 다니고, 공부하고, 미래의 꿈을 꾸는 것이 평화라고 생각했다. 가끔은 친구와 다투고, 화해하기도 하면서 말이다.

준혁이는 형과 싸우지 않는 날이 최고의 평화라고 했다.

아이들의 이야기를 듣고 난 선생님이 이야기했다.

"오늘 수업 시간에는 전쟁에 대해 이야기했어. 그리고 평화에 대해서도 잠깐 생각해 보았지?"

"네."

"전쟁에 대해 알아보는 것은 거꾸로 평화가 얼마나 소중한지 생각해 보고, 평화를 어떻게 지키고, 만들어 나갈지 생각하는 어린이가 되자는 거야. 평화는 멀리 있는 게 아니야."

선생님 이야기가 끝나고 쉬는 시간을 알리는 종이 울렸다.

하늘이는 선생님 이야기를 듣고, 멀리 있는 평화가 아니라, 가까이 생활 속에 있는 평화가 뭘까 생각하며, 준혁이 옆으로 갔다.

하늘이는 준혁이에게 손을 내밀었다. 준혁이는 그 손을 꼭 잡았다.

Republic of Cyprus

키프로스

06
평화로 가는 길

Republic of Cyprus

1. 평화누리공원

"체험 학습 보고서는 다음 주 월요일까지 천천히 내면 돼."

서진이는 선생님 말에 '휴우'하며 한숨을 쉬었다. 그래도 시간이 생긴 것이다.

이번에 서진이네 반 아이들은 임진각 평화누리공원과 도라산역으로 체험 학습을 다녀왔다.

"보고서 쓰는 걸 너무 힘들어하지 말고 느낀 점이나, 무엇을 알게 되었는지 쓰면 되는 거야."

"네."

아이들은 쉽게 대답했지만, 서진이는 자신 없는 목소리로 겨우 말했다.

"그럼, 우리 임진각 평화누리공원 체험 학습에서 가장 기억에 남았던 것과, 기억에 남은 이유가 뭔지 이야기해 볼까?"

선생님 말이 끝나자 준혁이가 손을 번쩍 들었다.

"저는 바람의 언덕이 제일 좋았어요. 수많은 바람개비랑 여러 조형물들이 멋있었어요. 바람개비가 바람 부는 대로 힘차게 팔랑팔랑 돌아가는 모습을 보니 자유롭고 평화로워 보였어요. 그리고 신나기도 했습니다."

"그래 임진각 평화누리공원의 푸른 잔디 위로 너희들이 신나게 뛰어다니고, 바람개비가 춤추는 모습은 언제 보아도 평화롭지. 임진각은 원래는 슬픈 장소야. 6·25 전쟁 때문에 남북이 분단되어 고향에 갈 수 없는 사람들을 위해 임진강 가에 만들었지."

"선생님, 임진강은 북한에서 남한으로 흐르는 강이죠?"

"그래, 잘 아는구나, 임진강은 함경남도 마식령에서 시작해서 연천과 파주를 흘러 오두산에서 한강과 만난 다음 함께 서해로 흘러가는 강이야. 남한과 북한이 분단된 후에도 임진강은 끊임없이 흐르지만, 사람들은 갈라져 서로 오가지 못하고 있지. 그래서 임진각은 남북 분단을 상징하는 곳이야."

"그럼 평화누리공원에서 신나게 놀면 안 되는 거예요?"

"임진각은 우리나라 분단을 가장 상징적으로 보여 주는 장소이지만, 슬픈 과거에만 머물지 않고 평화를 상징하고 통일을 꿈꾸는 곳이기도 해. 그곳에서 어린이들이 과거의 역사를 배우면서 밝고 건강하게 뛰노는 게 모두가 바라는 모습이야."

"또 누가 말해 볼까?"

'남쪽의 마지막 역이 아니라 북쪽으로 가는 첫 번째 역입니다.'

서진이는 도라산역에 도착했을 때 보았던 유라시아 횡단 철도 노선도와 그곳에 커다랗게 쓰여 있던 문구가 떠올랐다.

"저는 도라산역이 기억에 남습니다. 저는 세계 여행을 하는 것이 꿈인데요. 이번에 도라산역을 다녀온 다음, 도라산역에서 기차를 타고 세계 여행을 하고 싶어졌습니다."

"그거, 멋진 꿈이구나."

선생님은 미소를 지으며 서진이의 꿈을 칭찬했다.

"도라산역은 비무장 지대 남방 한계선에서 700m 떨어진 경의선의 역이야. 경의선은 1906년 개통되었을 때 서울과 신의주 사이를 오가는 철도였어. 그리고 경의선이 끝나는 신의주에서 압록강

철교를 지나 만주까지 철로가 연결되어 있지. 지금은 남북이 분단되어 남쪽에서는 서울과 문산 사이만 운영하고 있고. 너희들이 자라면 서진이 말처럼 이 기차를 타고 세계 여행을 떠나면 좋겠구나."

"선생님, 우리나라는 남한과 북한으로 분단된 나라잖아요. 세계에는 우리나라처럼 분단된 나라가 또 있어요?"

준혁이가 질문을 했다.

"우리나라처럼 분단된 나라는 중국과 대만이 있어. 그리고 지중해의 아름다운 섬나라 키프로스가 있지. 키프로스는 우리나라처럼 남과 북으로 분단되어 있단다. 키프로스에 대해 알아보며, 우리나라의 분단에 대해서도 더 많이 생각해 보자."

2. 유럽의 분단국가, 키프로스

키프로스는 지중해 동쪽에 있는 섬나라야. 그리스의 동쪽, 터키의 아래쪽에 위치하고 있어. 키프로스는 시칠리아, 샤르데냐 다음으로 지중해에서 세 번째로 큰 섬이지. 키프로스의 수도는 니코시아이며 인구는 100만 명 정도이고 면적은 우리나라 경기도보다 약간 작아.

키프로스는 산악 지대가 많아. 북부 해안을 따라 키레니아 산맥이 100km 이상 길게 뻗어 있고, 중앙에는 험한 트로도스 산지가 가로

● 키프로스 섬의 두 나라

놓여 있어. 키프로스는 10세기경 비잔티움 제국*에 합병되었는데, 트로도스 지역에는 비잔티움 제국의 교회와 수도원이 아주 많아. 이곳의 교회 중에는 유네스코 세계 문화유산*으로 지정된 것들이 많이 있지.

키프로스에는 그리스 신화에 나오는 미의 여신인 아프로디테*의 탄생지로 알려진 파포스 해변이 있어. 파포스 시내 전체에 걸쳐 흩어져 있는 고대 유적은 모두 세계 문화유산으로 지정되어 있어. 뿐만 아니라 키프로스는 디오니소스*와 아프로디테를 기념하는 와인 축제 등이 유명하단다.

키프로스는 주민의 77%가 그리스계, 18%가 터키계이야. 그리스계 주민은 대부분이 그리스 정교를 믿고, 터키계 주민은 이슬람교를 믿어. 키프로스에 그리스인이 많이 살게 된 것은 키프로스가 고대 그리스의 식민 도시였고, 오랫동안 그리스의 지배를 받아 그

> **Tip**
>
> - **비잔티움 제국**330~1453: 동로마 제국이라고도 한다. 4세기경 로마 황제 테오도시우스 1세의 사망 이후 로마 제국이 동·서로 분열할 때 콘스탄티노플현재 터키의 이스탄불을 도읍으로 하여 세운 나라이다. 비잔티움 제국은 서로마 제국 멸망 이후에도 1000년 가까이 지속되면서 이슬람의 침입으로부터 유럽 세계를 보호하였다.
>
> - **키프로스의 유네스코 세계 문화유산**: 키프로스의 세계 문화유산은 파포스 지구아프로디테 신전, 귀족의 저택 등, 트로도스 지역의 벽화 교회군10개의 교회 기념물, 코이로코이티아라르나카 주에 있는 신석기 시대의 유적가 있다.
>
> - **아프로디테**: 로마 신화의 미의 여신인 비너스와 같음. 신화에 따르면 천공의 신 우라노스와 아들인 크로노스가 싸우다, 크로노스가 아버지의 생식기를 잘라 바다에 던졌는데 생식기에서 생긴 거품이 키프로스의 파포스 해변에 이르자 거품 속에서 조개껍질 하나가 수면 위로 떠오르며 아프로디테가 탄생하였다고 한다.
>
> - **디오니소스**: 그리스 신화에 나오는 풍요와 술와인의 신이다.

리스의 영향을 많이 받았기 때문이야. 터키인은 16세기경 오스만 제국이 키프로스를 지배하게 되면서부터 이주해 와서 살게 되었어.

키프로스는 19세기 후반에는 영국 식민지가 되었어. 영국 식민지였던 키프로스에는 아직까지도 영국의 군사 기지가 남아 있단다.

영국으로부터 독립한 뒤 키프로스는 다수인 그리스계와 소수인 터키계 주민 간 갈등이 심해 남북으로 분단되었어. 남쪽에는 그리스계 주민들이, 북쪽에는 터키계 주민들이 각각 정부를 세우고 대립하고 있지. 유엔을 비롯한 대다수 국가들은 남키프로스키프로스공화국를 키프로스의 대표국으로 인정하고 있으며, 터키만 북키프로스북키프로스터키공화국를 국가로 인정하고 있어. 키프로스공화국남키프로스은 2004년 유럽 연합의 회원국이 되었단다.

3. 그리스계와 터키계의 분쟁, 키프로스 분쟁

제2차 세계 대전이 끝난 후 그리스계 주민들은 키프로스가 그리스에 통합되기를 원했어. 그래서 그리스는 그리스계 주민들의 요구를 받아들여 키프로스를 통합하려고 했지. 이때 터키가 반대했단다. 터키는 키프로스가 터키에 속한 섬이라고 주장했지.

1955년, 키프로스의 그리스계 주민들은 조직을 만들어 무장 투쟁으로 영국으로부터 독립하여 키프로스를 그리스에 통합하려고 했어. 이때 영국은 터키계 주민들이 그리스계 조직을 상대할 조직을 만들게 했어. 터키계 주민들의 조직은 그리스계 주민들의 조직에 반대하면서 키프로스의 분할을 요구했어. 영국은 이렇게 그리스계와 터키계 주민의 갈등을 부추기면서 키프로스의 독립운동을 약화시키고 식민 통치를 계속하려고 했어.

1960년 키프로스는 영국에서 독립하고 유엔에 가입했어. 이때 제정된 헌법은 대통령은 그리스계가, 부통령은 터키계가 맡도록 하고, 대통령과 부통령이 각각 거부권을 행사할 수 있도록 했어. 정부 구성도 그리스계와 터키계가 7:3의 비율이 되도록 했어. 그러나 그리스계와 터키계의 갈등은 계속되었단다.

1963년에는 그리스계 대통령인 마카리오스*가 터키계 부통령의 거부권을 삭제하는 내용을 헌법에 추가하려고 했어. 이때 터키계 주민들은 헌법 개정에 반대했고, 키프로스공화국에서 분리 독립하겠다고 요구하면서 충돌이 일어났지. 이때 1,000명의 터키계와 200여 명의 그리스계 주민들이 죽었어. 그리고 10만 명의 터키계 주민들이 영국으로 도피했지. 이에 유엔은 1964년 키프로스에 평화 유지군*을 보내 두 민족을 분리해서 관리했어. 1967년에도 그리스계와 터키계 주민이 충돌하여 양측을 각각 지원했던 나라인 그리스와 터키 간에 전쟁이 일어날 뻔하기도 했어.

1974년에는 그리스와의 합병을 주장하는 그리스계 군부에 의한 쿠데타가 일어났어. 이때 터키는 터키계 주민을 보호한다는 이유를 내세우면서 군대를 보내 북부 키프로스 지역의 37%를 점령했어. 이후 북부 지역에 거주하던 그리스계 주민 20만여 명은 남부로, 남부 지역에 거주하던 터키계 주민 2만여 명은 북부로 이주하는 주민 교환이 이루어졌지. 결국 키프로스는 남부는 그리스계, 북부는 터키계로 나뉘면서 분단국가가 되었단다.

1975년 북부의 터키계 주민은 키프로스-터키 연방의 수립을 선언했어. 그리고 1983년 터키계 주민이 '북키프로스터키공화국'의 독립을 선언했으나 터키만 인정했을 뿐, 국제 사회는 인정하지 않았지. 현재 북키프로스에는 터키 군대가 주둔하고 있고, 남키프로스는 그리스가 군사 원조를 하고 있단다.

1996년 북키프로스에 주둔하고 있는 터키군에 맞서 그리스군이 키프로스공화국을 지원하여 전쟁이 일어났어. 1998년에는 그리스군과 터키군이 각각 키프로스에 전투기를 보내 전쟁이 일어날 뻔했지.

현재 남부의 키프로스공화국과 북부의 북키프로스터키공화국 사이에는 폭 100m의 그린라인이 동서로 가로놓여 있어. 그린라인은 남키프로스와 북키프로스의 군사적 충돌을 막기 위해 유엔이 통제하는 완충 지대야. 수도인 니코시아도 중심에 그린라인이 놓

키프로스의 분단 수도 니코시아: 니코시아는 1960년에 그리스계 남키프로스와 터키계 북키프로스의 무력 충돌이 계속되자 유엔이 그린라인을 설치한 이후 남북으로 나뉘었다. 그린라인 가운데 위치한 레드라 거리는 키프로스 분단의 상징이었다.

여 있어서 남북으로 분단되어 있단다. 세계에서 유일하게 한 도시가 남북으로 분단된 곳이지.

유엔은 키프로스의 분쟁을 해결하기 위해 남북 양측의 대표와 함께 협상을 진행해 왔으나 별다른 성과를 거두지 못했어. 2004년에는 코피 아난* 유엔 사무총장이 통일 방안을 제안해 협상이 진행되었으나 남키프로스에서 반대하여 통일을 위한 협상이 중단되었어. 2008년에는 남북 정상회담이 개최되어 통일을 위한 협상을 벌였으나 실패하였지. 2010년에는 반기문* 유엔 사무총장이 주도하여 3차례에 걸쳐 남북 정상과 함께 3자 회담을 했으나 별다른 성과가 없었단다.

Tip

- 마카리오스 1913~1977: 키프로스의 정치가·대주교. 키프로스의 그리스 병합 운동을 비폭력 투쟁으로 지도, 그리스계 주민들로부터 민족의 아버지로 불리었다. 1960년 영국에서 독립하고 나서 이루어진 선거에서 대통령에 당선되고 1968년 재선되었다.

- 평화 유지군: 세계의 분쟁 지역에 파견돼 평화 유지 활동을 벌이는 국제연합 안전보장이사회 산하의 군대이다. 1948년 창설되어 동티모르, 레바논, 키프로

스, 코소보, 수단 등 분쟁 지역이나 재난 국가에서 평화 유지 활동을 해 왔다. 이런 공로를 인정받아 평화 유지군은 1988년 노벨 평화상을 수상했다. 우리나라도 1993년 소말리아에 상록수 부대를 파견한 것을 비롯해 동티모르1999년, 레바논 2007년, 아이티2010년 등에 부대를 파견해 활동을 도왔다.

• 코피 아난1938~ : 가나 출신의 유엔 사무총장으로 재임 기간은 1997년~2006년이다. 취임 후 '개혁 총장'이라는 별명을 들으며, 국제연합 사무국 내의 1,000여 개 직책을 폐지하고 대폭적으로 기구를 통폐합하였다. 2001년 유엔과 공동으로 세계 평화에 기여한 공로가 인정되어 노벨 평화상을 받았다.

• 반기문1944~ : 1970년 서울대학교 외교학과를 졸업하고 외무고시에 합격하여 외무부에 들어갔다. 2004년 외교통상부 장관이 되었고, 2006년 10월 유엔 사무총장에 임명되어 2007년 1월 1일부터 유엔 사무 총장으로서 업무를 수행하고 있다.

세계의 장벽 – 분쟁과 갈등의 상징

독일 분단과 동서 냉전의 상징이었던 베를린 장벽이 무너진 지 25년이 지났어. 그러나 아직도 분쟁과 갈등, 단절을 상징하는 많은 장벽이 세계 곳곳에 남아 있고 지금도 설치되고 있단다.

이스라엘과 팔레스타인 간 분리 장벽

이스라엘은 2002년부터 요르단 강 서안 지역과 가자 지구, 동예루살렘 등 팔레스타인 영토와의 경계선에 장벽을 쌓기 시작했어. 장벽은 울타리, 철조망, 도랑, 콘크리트판 등으로 이루어졌고, 높이는 8m, 길이는 700km가 넘어. 장벽의 꼭대기에는 전기가 흐르는 철조망이  설치되어 있으며, 중간에는 감시탑이 설치되어 있지. 국제사법재판소는 2004년 이 장벽이 국제법을 위반한 것이라고 판결했어. 팔레스타인 사람들은 이 분리 장벽 안에 갇혀 있으며 검문소를 통해서만 이동할 수 있어.

카슈미르 지역의 통제선

카슈미르 지역은 남쪽은 인도령인 잠무 카슈미르이고, 북쪽은 파키스탄 영토인 아자드 카슈미르야. 그런데 양쪽을 1,300여km의 통제선이 막고 있어. 통제선에는 9·11 테러 이후 파키스탄 출신 지하드 무장 조직의 활동을 경계하기 위해 철조망과 지뢰와 첨단 장비 등이 설

치되었어. 카슈미르는 1948년 인도령과 파키스탄령으로 나뉜 뒤 60여 년에 걸쳐 영유권을 둘러싸고 인도와 파키스탄 간 분쟁이 계속된 지역이야. 이 지역에서는 아직도 통제선을 중심으로 양국에서 벌이는 포격전이 벌어지고 있어.

세우타 - 멜리야 철조망 벽

세우타와 멜리야는 북아프리카의 모로코 북부에 있는 에스파냐령이야. 아프리카에서 유럽으로 가장 짧은 거리를 이동하여 건널 수 있는 곳이지. 수많은 이민자들이 이곳에서 지중해를 건너 유럽으로 갔어. 에스파냐 정부가 지브롤터 해협을 통해 자국으로 건너오는 아프리카 출신 불법 이민자를 막기 위해 1990년대 중반에 세우타-멜리야 철조망 벽을 건설했어. 세우타에는 8.2km, 멜리야에는 12km의 철조망이 둘러쳐졌어. 2000년대 들어 불법 이민이 급증하면서  에스파냐는 두 도시에 모두 철조망을 보강했어. 철조망의 높이는 6m에 이르고 최루 가스 발사 장치와 소음 및 진동 탐지 센서, 감시탑 등이 설치되었어.

북아일랜드 피스라인

피스라인은 북아일랜드의 구교도와 신교도의 거주지 사이에 만들어진 분리 장벽이야. 1970년대 초에 두 집단 간의 충돌을 막기 위해 만들어지기 시작했고 지금은 북아일랜드 전역에 있어.

길이는 수백m부터 5km에 이르는 것까지 다양하며 높이는 양측 간의 긴장이 고조되면서 6m까지 높아지기도 했어. 장벽은 철근, 벽돌 및 강철 재질로 튼튼하게 구성되어 있는 분리 장벽도 있고, 철조망으로 되어 있는 곳, 또는 단순히 도로의 노선 표시와 유사하게 하얀 칠로 표시되어 있는 곳도 있어. 북아일랜드 경찰이 지키고 있는 게이트가 설치된 곳도 있고, 낮에는 통행이 허용되지만 밤에는 폐쇄되어 통행할 수 없어.

미국-멕시코 간 국경 장벽

미국은 멕시코의 불법 이민자를 막기 위해 1991년 미국과 멕시코의 국경 지대에 장벽을 쌓기 시작했어. 장벽은 캘리포니아 서부 태평양 연안에서부터 텍사스 동부 멕시코 만에 이르기까지 설치되었어. 미국과 멕시코의 국경 지대를 이용한 불법 이민자는 매년 100만 명에 이르고, 밀입국 과정에서 발생하는 사망자의 수도 수백 명에 달한다고 해. 2006년에는 미국 의회에서 미국-멕시코 국경의 전체 길이 $_{3,200km}$ 중 약 19%에 해당하는 구간 $_{595km}$에 밀입국 방지용 3중 담장을 설치하는 법안이 통과되었어.

4. 평화로 가는 비무장 지대

　서진이는 키프로스 국기에 그려진 올리브 잎이 궁금했다.
　"선생님, 키프로스 국기에 그려진 올리브 잎은 무슨 의미예요?"
　"키프로스 지도 밑에 그려진 올리브 잎은 평화와 화해의 상징이야. 그런데 실제 키프로스에서는 두 개의 국기가 쓰인다고 해. 북쪽은 터키, 남쪽은 그리스 국기가 쓰이고 키프로스 국기는 국제 행사에서 형식적으로만 쓰여."
　"키프로스 국기에 있는 지도처럼 실제로도 남북을 분리한 그린라인이 없어졌으면 좋겠어요."
　"키프로스는 남북을 통일하기 위해 협상을 진행하고 있어. 협상은 여러 가지 이유로 더디게 진행되고 있는데, 최근에는 키프로스와 이스라엘 사이의 바다 밑에 가스가 매장된 것이 확인되면서 이를 둘러싸고 남키프로스와 북키프로스 간에 또 다른 갈등이 생겼어."
　"키프로스가 통일되면, 남북을 가르는 그린라인이 필요 없겠네요?"
　"그래, 키프로스의 그린라인도 우리나라의 비무장 지대와 비슷해."

"선생님, 우리나라의 비무장 지대는 언제 만들어졌어요?"

서진이는 우리나라의 비무장 지대가 궁금해져서 질문을 했다.

"비무장 지대는 6·25 전쟁이 끝나고 휴전 협정을 맺은 뒤에, 남한과 북한의 군인들이 서로 싸우는 것을 막기 위해 일정한 거리를 두기로 약속한 장소를 말한단다. DMZ라고 하는데, 이곳에는 군대가 주둔하거나, 무기를 배치하거나, 군사 시설을 두면 안 돼."

선생님은 컴퓨터에서 지도를 보여 주었다. 우리나라 지도의 허리쯤에 길게 그어진 비무장 지대는 무척 길고 넓어 보였다. 준혁이는 비무장 지대가 얼마나 넓은지 선생님에게 질문했다.

"비무장 지대는 휴전선을 중심으로 남북으로 각각 2km로 폭이 4km이고, 길이가 250km 정도의 지역이야. 육지 면적을 기준으로 한반도 전체 면적의 $\frac{1}{250}$ 0.4%을 차지하고 있어. 이곳에는 6개의 강, 1개의 평야, 2개의 산맥이 지나고 있어. 비무장 지대는 완충 지대이지만 군사적 충돌 위험이 있는 위험 지대이기 때문에 아무나 들어갈 수 없어."

서진이는 우리나라가 키프로스처럼 민족과 종교가 다르지 않은 같은 민족인데도 6·25 전쟁을 하고, 비무장 지대가 만들어져서 아무나 들어갈 수 없는 땅이 있다는 게 너무 슬프고 무서웠다.

"비무장 지대는 6·25 전쟁 때 가장 치열하게 싸웠던 곳이야. 수많은 사람들이 죽었고, 자연은 무참하게 파괴되었지. 비무장 지대는 전쟁과 분단의 아픔을 고스란히 간직하고 있지만 그렇다고 슬픈 모습만 있는 게 아니야!"

"……."

아이들은 궁금해 하며 선생님 말을 기다렸다.

"비무장 지대가 이제는 생명이 가득한 곳이 되어 세계적인 주목을 받고 있어! 이곳은 휴전 이후 60년이 넘는 세월 동안 사람들이 출입할 수 없었어. 비무장 지대에는 수많은 지뢰가 묻혀 있고, 부서진 건물, 녹슨 무기들이 어디에나 있는 죽음의 땅이었지. 그렇지만 시간이 흐르면서 자연은 놀라운 생명력으로 그 땅에서 다시 생명을 꽃피우기 시작했어. 지금은 수많은 동식물이 살고 있고 특히 멸종 위기 종의 동식물, 천연기념물이 많은 생태계의 보고가 되었단다."

선생님은 비무장 지대의 자연이 살아 숨 쉬는 동영상과 사진들을 보여 주었다.

"남한과 북한도 비무장 지대의 동식물처럼 다시 평화를 되찾았으면 좋겠어요!"

"선생님도 그래."

서진이는 키프로스의 그린라인도 우리나라의 비무장 지대도 지도에서 보이지 않게 되는 날이 빨리 왔으면 좋겠다고 생각했다.

:: 교과연계

팔레스타인

학년	과목	주제
3학년 2학기	사회	3. 다양한 삶의 모습들 (2) 다른 환경, 다른 문화 – 종교와 사회 변화에 따라 다른 문화 알아보기
3학년 2학기	사회	3. 다양한 삶의 모습들 (4) 서로 배우고 존중하는 문화 – 문화적 편견과 차별의 모습 알아보기
6학년	도덕	3. 갈등을 대화로 풀어가는 생활 – 갈등을 대화로 풀어가기
6학년	도덕	8. 모두가 사랑받는 평화로운 세상 – 평화란 무엇인지 알기

이라크와 이란

학년	과목	주제
2학년	통합 교과 (가족)	2. 다양한 가족 – 지구촌 한가족
3학년 2학기	사회	3. 다양한 삶의 모습들 (2) 다른 환경, 다른 문화 – 종교와 사회 변화에 따라 다른 문화 알아보기
4학년 2학기	사회	1. 경제생활과 바람직한 선택 (1) 현명한 선택 – 선택의 문제가 일어나는 까닭(자원의 희소성) 알아보는 놀이하기
6학년	도덕	3. 갈등을 대화로 풀어가는 생활 – 평화로운 갈등 해결의 길 찾기

아프가니스탄

학년	과목	주제
3학년 2학기	사회	3. 다양한 삶의 모습들 (1) 다양한 생활 모습 – 비슷한 문화, 다른 문화 찾아보기
5학년	도덕	6. 인권을 존중하는 세상 – 사람의 가장 기본적인 권리, 인권 알아보기
6학년	도덕	8. 모두가 사랑받는 평화로운 세상 – 인류애와 평화의 향기를 널리 퍼뜨리기

발칸 반도

학년	과목	주제
2학년	통합 교과 (가족)	2. 다양한 가족 – 다양한 문화를 만나기
6학년	도덕	3. 갈등을 대화로 풀어가는 생활 – 또래 중재로 갈등 해결하기
6학년	도덕	8. 모두가 사랑받는 평화로운 세상 – 평화와 사랑이 넘치는 세상 만들기

캅카스

학년	과목	주제
2학년	통합 교과 (우리나라)	지구 마을 여행
4학년 2학기	사회	1. 경제생활과 바람직한 선택 〉 1. 현명한 선택 〉 [3차시] 선택의 문제가 일어나는 까닭(자원의 희소성) 알아보는 놀이하기(사14-17p) 〉
6학년 1학기	국어	2. 다양한 관점 – 신문 기사를 읽고 토론을 할 수 있다.
6학년	도덕	3. 갈등을 대화로 풀어가는 생활 – 평화롭고 행복한 교실 만들기

키프로스

학년	과목	주제
4학년 2학기	사회	3. 지역 사회의 발전 (3) 주민 참여와 자원봉사 – 지역의 일에 참여하는 방법 알아보기
5학년 1학기	국어	5. 대상의 특성을 살려 – 우리 고장의 문화유산 소개서를 만들기
6학년	도덕	4. 평화 통일을 향한 발걸음 – 마음으로 하나 되는 통일
6학년	도덕	8. 모두가 사랑받는 평화로운 세상 – 평화로운 삶을 위해 바르게 판단하기

플랜의 중심에는 항상 **아이들**이 있습니다.

어린이와 지역 주민이 지역 사회 개발을 위한 다양한 프로젝트에 참여할 수 있게 돕는 어린이 중심의 지역 개발 사업 (CCCD: Child Centered Community Development)을 수행하고 있습니다.

교육
▸ 학교 및 유치원 신축 건립 및 개보수
▸ 교보재 및 교육기자재, 장학금 지원
▸ 교육 수준 향상을 위한 교사 양성

의료·보건
▸ 예방접종 및 영양실조 관리
▸ 보건소 건립 및 의료진 양성
▸ 영유아, 모성 보건 증진을 위한 산모 건강 관리
▸ HIV/AIDS 치료 및 예방 사업

식수 및 위생
▸ 우물 펌프 및 식수대 설치
▸ 화장실 설치 및 유지 관리
▸ 위생 의식 향상을 위한 지속적인 캠페인과 교육

생계 지원
▸ 소액 금융 대출 서비스 및 저축 프로그램을 통한 수입 창출 지원
▸ 직업 교육 센터 운영 및 기술 교육 프로그램 지원
▸ 가축 및 곡식 종자 지원

아동 권리 보호
▸ 여자아이들의 차별과 폭력으로부터 보호, 여성 권리 향상을 위한 Because I am a Girl 캠페인
▸ 기본적인 권리 보장과 사회적 참여를 위해 출생 등록 신고를 돕는 Count Every Child 캠페인
▸ 학교와 가정 내 아동 폭력 방지를 위한 Learn without Fear 캠페인
▸ 어린이 참여를 위한 Child Media 프로그램 지원

긴급 구호
▸ 재해 지역의 긴급 구호 물품 배급 및 비상 식량 지원
▸ 임시 대피소 내 아이들의 심리적 안정과 안전을 위한 아동 친화적 공간 조성
▸ 장기적 재건 사업 지원 및 재난 상황 대비 훈련

463-400 경기도 성남시 분당구 판교역로 231 H스퀘어 S동 912호
Tel. 02-790-5436 | Fax. 02-790-5416

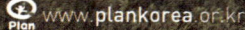 www.plankorea.or.kr  facebook.com/plan.kr twitter.com/plankorea

**또 하나의 나, 우리
플랜코리아**

세계 최대 국제 아동 후원 단체
영국에 본부를 둔 75년 이상의 개발 원조 역사를 가진 플랜은 현재 영국, 미국, 호주 등의 21개 후원국의 모금을 통해 아시아, 아프리카, 중남미 50개 수혜국의 3천만 명 가량의 어린이와 가족들을 후원하고 있습니다.

신뢰성을 인정받은 비종교, 비정치, 비정부 NGO
플랜은 모든 종교, 정치와 정부로부터 분리되어 지역 개발 사업을 수행하고 있습니다. UN경제사회이사회의 특별 협의 단체로 인정받은 플랜은 세계적인 신뢰도 평가 기관인 'The One World Trust'에서 사업 수행 능력과 투명성을 인정받았습니다.

받은 사랑을 되돌려 주는 플랜코리아
플랜은 1953년부터 1979년까지 양친회라는 이름으로 전쟁의 폐허 속에서 굶주림과 추위에 떨고 있는 65만 명의 대한민국 어린이들을 돕는 구호 활동을 펼쳤습니다. 이후 경제 성장으로 한국에서 철수했다가, 1996년 한국의 경제 성장을 통한 OECD 가입을 계기로 수혜국이었던 한국이 '플랜코리아'라는 이름으로 후원국이 되었습니다. 이제 플랜코리아는 오래 전 받은 사랑을 다시 나누어 주고 있습니다.

플랜코리아는 플랜인터내셔널의 한국 지부입니다.

사회 계열
공학 계열

방송 PD
IT 컨설턴트

적성과 진로를 짚어 주는
직업 교과서 19

방송 PD&IT 컨설턴트

1판 1쇄 발행 | 2013. 6. 28.
1판 7쇄 발행 | 2020. 10. 12.

와이즈멘토 글 | 최윤영 그림

발행처 김영사 | **발행인** 고세규
등록번호 제 406-2003-036호 | **등록일자** 1979. 5. 17.
주소 경기도 파주시 문발로 197(우10881)
전화 마케팅부 031-955-3100 | **편집부** 031-955-3113~20 | **팩스** 031-955-3111

ⓒ 와이즈멘토, 2013

값은 표지에 있습니다.
ISBN 978-89-349-5990-8 74080
ISBN 978-89-349-5971-7 (세트)

좋은 독자가 좋은 책을 만듭니다. 김영사는 독자 여러분의 의견에 항상 귀 기울이고 있습니다.
전자우편 book@gimmyoung.com | 홈페이지 www.gimmyoungjr.com

어린이제품 안전특별법에 의한 표시사항
제품명 도서 제조년월일 2020년 10월 12일 제조사명 김영사 주소 10881 경기도 파주시 문발로 197
전화번호 031-955-3100 제조국명 대한민국 ⚠주의 책 모서리에 찍히거나 책장에 베이지 않게 조심하세요.

적성과 진로를 짚어 주는
직업 교과서 19

사회 계열
공학 계열

방송 PD
IT 컨설턴트

와이즈멘토 글 | 최윤영 그림

주니어김영사

- 머리말_진로성숙도를 높여라!…10
- 진로 교육의 목표 & 이 책의 구성과 활용법…12

방송 PD

Step 1   방송 PD 이야기…18

Step 2   역사 속 직업 이야기…20

Step 3   방송 PD는 어떤 사람일까?…22
    ★돌발퀴즈…23

Step 4   방송 PD는 무슨 일을 할까?…24
    ★돌발퀴즈…27
    ★방송 PD로 취업할 수 있는 곳…28
    ★방송 PD의 직급 체계…29
    ★방송 PD도 전문가 시대!…30

    직업 일기_방송 PD의 하루…32

Step 5   방송 PD의 좋은 점vs힘든 점…34
    ★돌발퀴즈…35

Step 6   방송 PD는 어떤 능력이 필요할까?…36
    ★돌발퀴즈…37

Step 7   방송 PD가 되기 위한 과정은?…38
    ★돌발퀴즈…39

    직업 사전, 적합도 평가…40

Step 8   교사와 학부모를 위한 가이드
    적성&진로 지도…42
    직업 체험 활동…44

IT 컨설턴트

Step 1	IT 컨설턴트 이야기…48
Step 2	역사 속 직업 이야기…50
Step 3	IT 컨설턴트는 어떤 사람일까?…52
	★돌발퀴즈…53
Step 4	IT 컨설턴트는 무슨 일을 할까?…54
	★돌발퀴즈…56
	★ IT 컨설턴트의 도움이 필요한 곳…57
	직업 일기_IT 컨설턴트의 하루…58
Step 5	IT 컨설턴트의 좋은 점 vs 힘든 점…60
	★돌발퀴즈…61
Step 6	IT 컨설턴트는 어떤 능력이 필요할까?…62
	★돌발퀴즈…63
Step 7	IT 컨설턴트가 되기 위한 과정은?…64
	★돌발퀴즈…65
	직업 사전, 적합도 평가…66
Step 8	교사와 학부모를 위한 가이드
	적성＆진로 지도…68
	직업 체험 활동…70
	・돌발퀴즈 정답…72

머리말

진로성숙도를 높여라!

    진로 교육에서 가장 중요한 개념 중 하나가 '진로성숙도'입니다. 자신의 적성을 찾고, 그 적성이 잘 드러나는 직업 분야에 도달하는 과정을 설계하기 위해 필요한 요소들을 잘 알고 있는 정도를 '진로성숙도'라고 합니다.

    예를 들어 볼까요?

    초등학생인 A학생에게 꿈을 물어봤더니 '과학자'라고 답을 합니다. 중학생이 된 A학생에게 다시 꿈을 물었더니 이번에도 '과학자'라고 합니다. 고등학교로 진학한 A학생에게 꿈이 뭐냐고 물으니 여전히 '과학자'라고 답을 합니다. 이런 A학생은 일관된 꿈을 가지고 있다고 말은 하지만 사실은 진로성숙도가 높아지지 않는 상태입니다.

    그렇다면 어떤 것이 진로성숙도가 높은 것일까요?

    B학생에게 물어봤습니다. 초등학교 때 '과학자'라고 답을 합니다. 중학교 때는 '과학자가 되고 싶은데 핵물리학자'가 꿈이라고 이야기를 합니다. 고등학교 때는 '핵물리학자가 되어서 미국 NASA와 같은 곳에서 연구를 하고 싶다'라고 말을 합니다. 이렇게 점점 시간이 지날수록 꿈을 구체화하는 능력이 바로 진로성숙도입니다.

　많은 대학생이 명문 대학을 다니면서도 뭘 해야 될지 모르겠다고 합니다. 이렇게 방황하는 이유는 대부분의 학생들이 학습 능력은 키워 왔지만 진로성숙도는 키워 오지 않았기 때문입니다. 학부모나 교사들이 공부만을 강조했던 것이 아이의 행복에 오히려 독이 된 셈이지요.

　진로성숙도를 높이려면 다양한 직업에 대해서 알아보고, 각 직업에 대하여 나이에 맞게 조금 더 깊이 탐색해 보는 활동이 필요합니다. 그 활동을 가장 적합하게 도와주는 것이 바로 〈적성과 진로를 짚어 주는 직업 교과서〉 시리즈입니다. 이 시리즈가 우리 아이들이 보다 넓고 깊은 지식을 얻어 행복을 설계하는 능력을 갖추는 데 도움이 되기를 바랍니다.

와이즈멘토 대표이사
조진표

진로 교육의 **목표** & 이 책의 **구성과 활용법**

  교육 과정에서 진로 교육의 목표는 '긍정적인 자아 개념을 형성하고 진로 탐색과 계획 및 준비를 위한 기초 소양을 기르는 단계'입니다. 즉, 현명한 진로 선택을 위해 자신감을 가지고 다양한 직업을 알아보며 꿈을 키워 가는 시기라는 말이지요. 무한한 가능성이 있는 시기이므로 많은 직업을 탐색하면서 좀 더 구체적으로 '나의 꿈, 나의 목표 직업'이 무엇인지 생각해 보는 것이 중요합니다.

  교육부에서는 관심 있는 직업을 열 가지 이상 고르고 다양한 방법으로 정보를 수집해서 하는 일, 되는 방법 등 구체적인 정보가 담긴 직업 사전을 만들어 볼 것을 권장하고 있습니다.

  더불어 꿈을 실현하기 위해 도움이 되는 과목이 무엇인지 알아보고, 체계적인 학습 계획을 세우고 공부 습관을 길러 나가는 것도 중요합니다.

  초등~중학교에서 성취해야 할 진로 교육의 목표는 다음과 같습니다.

(교육부)

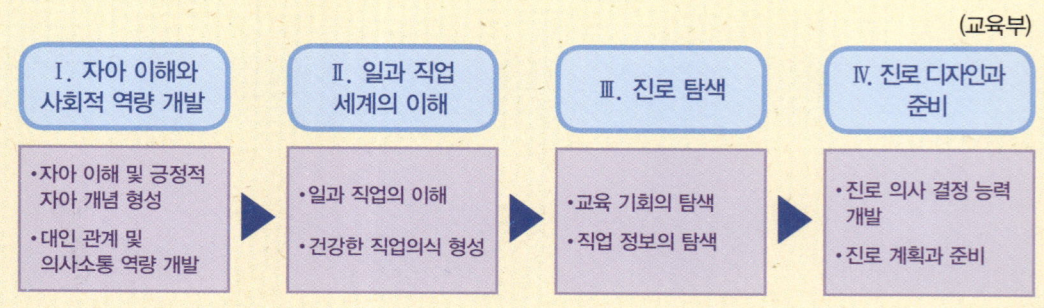

〈적성과 진로를 짚어 주는 직업 교과서〉는 진로 교육 목표에 맞춰, 초등학교와 중학교 과정에서 알아야 할 직업 정보를 직업 소개와 활동을 통해 자기 주도적으로 탐색할 수 있도록 구성했습니다.

❶ 진로 정보 탐색을 위한 본문 구성

Step 1·2 이야기	직업에 대한 호기심을 가질 수 있도록 한다.
Step 3 어떤 사람일까?	직업의 정의에 대해 알 수 있다.
Step 4 무슨 일을 할까?	직업이 갖는 다양한 역할에 대해 알 수 있다.
Step 5 좋은 점 vs 힘든 점	직업의 좋은 점과 힘든 점들에 대해 알 수 있다.
Step 6 어떤 능력이 필요할까?	직업을 갖기 위해 필요한 능력들에 대해 알 수 있다.
Step 7 되기 위한 과정은?	중·고등학교, 대학교 과정 등 최종 목표 직업에 도달하기 위한 경로를 알 수 있다.

❷ 진로 디자인과 준비를 위한 본문 구성

Step 7 직업 사전	도서를 통해 탐색한 진로 정보를 바탕으로, 직업 사전을 구성할 수 있다.
Step 7 적합도 평가	직업에 대한 이해를 바탕으로 나에게 적합한 직업인지를 평가해서, 의사 결정을 내릴 수 있다.

❸ 학부모와 교사를 위한 본문 구성

Step 8 교사와 학부모를 위한 가이드 적성&진로 지도	해당 직업을 갖기 위해 도움이 되는 관련 교과목, 교과 외 활동을 소개하여 학습과 활동 설계에 도움을 받을 수 있다.
Step 8 직업 체험 활동	직업 체험 활동에 대한 정보를 얻을 수 있다.

〈적성과 진로를 짚어 주는 직업 교과서〉에는 다양한 활동이 들어 있습니다. 다음과 같이 활용해 보세요.

★직업 사전

이 직업이 나와 잘 맞는지 판단하기 위해서는 먼저 직업에 대해 충분히 이해하는 것이 중요합니다. 열심히 책을 읽고 난 후, 직업 사전의 빈칸을 채워 보면서, 자신이 이 직업에 대해 잘 이해했는지 점검해 보세요.

★직업 적합도 평가

직업에 대해 이해했다면 그 직업이 자신과 잘 맞는지 아닌지를 판단해야 합니다. 나와 직업이 얼마나 잘 맞는지 점검해 볼 수 있는 적합도 평가가 있습니다. 직업 사전의 항목을 꼼꼼하게 읽어 본 뒤에 자신과 잘 맞는지 아닌지 정도에 따라 별을 색칠해 보세요. 별의 개수로 점수를 매기고, 평가 기준표를 통해 자신과 직업의 적합도를 확인해 보세요.

★Tip

Tip은 본문의 내용을 잘 이해할 수 있도록 도와주는 역할을 합니다. 이해하기 어려운 단어를 쉽게 설명해 주기도 하고, 직업을 이해하는 데 같이 알아 두면 좋은 정보들이 들어 있습니다. Tip의 내용은 공부할 때 도움이 되는 배경 지식이므로 그냥 넘어가지 말고, 꼼꼼하게 읽어 보세요.

★돌발퀴즈

책을 그냥 쭉 읽고, 나중에 직업 사전의 빈칸을 채우려면 어렵겠죠? 그래서 본문 중간 중간에 중요한 내용들을 확인해 주는 돌발퀴즈가 있습니다. 처음에는 문제만 보고 답을 한번 맞혀 보세요. 잘 모르겠으면 다시 본문으로 돌아가 내용을 차근차근 읽어 보세요. 돌발퀴즈의 정답은 책의 맨 뒷장에 있습니다.

★교사와 학부모를 위한 적성 & 진로 가이드

교사와 학부모가 진로 지도를 할 때, 꼭 알아 두어야 하는 내용입니다. 아이들이 직업에 관심을 보일 때 어떻게 직업을 이해하도록 해야 하는지, 직업에 대해 아이들이 제대로 이해하고, 준비하기 위해서는 어떤 활동을 해야 하는지가 상세히 설명되어 있습니다.

더불어 학습 설계의 중점 과목을 통해 앞으로 어떤 과목을 중점적으로 공부해야 할지 확인하고, 학교에서 어떤 활동을 하도록 지도하면 좋은지 확인해 보세요. 아이와 함께하는 직업 체험 활동에서는 주말이나 방학을 이용해 할 수 있는 직업 체험 활동들을 자세히 소개하고 있습니다. 꼭 활용해 보세요.

자, 지금까지 진로 교육의 목표를 확인하고 책이 어떻게 구성되어 있고 어떻게 활용하는지 살펴보면서 직업 탐색을 위한 준비를 마쳤습니다. 그럼 본격적으로 직업 탐색을 위한 여행을 떠나 볼까요?

사회 계열

방송 PD

Step 1

방송 PD
이야기

많은 사람들이 텔레비전이나 라디오의 프로그램을 통해 즐거움과 감동, 도움이 되는 정보를 얻고 있어요. 그러한 방송 프로그램은 누가, 어떻게 만드는 걸까요?

하나의 방송 프로그램을 만들기 위해서는 여러 분야의 전문가가 참여해요. 이때 프로그램 제작을 총지휘하는 사람을 방송 PD(프로듀서)라고 해요. 최고의 방송을 위해 끊임없이 노력하는 사람, 방송 PD를 만나 볼까요?

텔레비전 방송을 보며 즐거워하는 사람들

케이블 방송국의 내부 모습

'진로체험학습'에 참여해 인터넷 방송 현장에서
방송 PD 역할을 해 보는 학생들

Step 2

역사 속 직업 이야기

우리나라 방송의 역사

방송이라는 게 처음 선보인 것은 미국이에요. 1920년, 대중을 상대로 라디오 방송을 시작했지요. 기계에서 나오는 아나운서의 음성을 들은 사람들은 감탄을 금치 못했고, 라디오는 금세 큰 인기를 누리게 되었답니다. 이후 나라마다 라디오 방송국이 설립되었고 라디오 방송은 전 세계로 퍼져 나갔어요.

텔레비전 방송은 1930년대에 영국, 미국, 프랑스, 독일 등의 선진국에서 시작되었어요. 현재까지 세계 최대 방송국으로 손꼽히는 영국의 BBC도 그 무렵에 설립되었답니다. 텔레비전 방송은 두 차례의 세계대전이 끝난 뒤 1950년대에 본격적으로 발전했고, 1960년대부터는 세계 곳곳으로 전파되기에 이르렀어요.

우리나라는 1927년에 '경성방송국'이 세워져 라디오 방송을 시작했어요. 그때는 우리나라가 일본의 지배를 받고 있던 시기예요.

경성방송국은 일본의 관리를 받으며 아래 문을 열었고, 한 채널에서 일본어와 한국어를 3대 1의 비율로 섞어 쓰며 방송해야 했어요. 게다가 다달이 내는 청취료도 일본의 두 배여서 가난한 우리나라 사람들은 라디오를 듣기가 쉽지 않았답니다.

그 이후 1933년 4월 26일, 제1방송으로 일본어 방송을, 제2방송으로 한국어 방송을 내보내는 이중 방송의 시대가 열렸어요. 그리고 1945년 8월 15일, 연합군에게 무조건 항복한다는 일본 천황의 목소리를 생중계하는 역사적인 순간을 맞이했지요. 그 뒤 한국전쟁을 비롯해 심각한 사회 혼란과 가난을 겪으면서도 텔레비전 방송은 발전을 거듭했어요.

1960년대에는 문화방송(MBC)과 교육방송(EBS)이 설립되어 한국방송(KBS)과 더불어 우리나라의 주요 방송국으로 자리잡았어요. 또 1980년대에 컬러 텔레비전이 등장하면서 텔레비전 방송은 폭발적인 성장을 이루게 되지요.

주말 연속극과 특집 드라마가 큰 인기를 끌었고, 다양한 쇼 프로그램과 프로 야구 등의 스포츠 중계 방송, '이산 가족 찾기'와 같은 특별 프로그램과 자연 다큐멘터리 등이 제작되어 사람들의 눈과 귀를 사로잡았답니다.

케이블 방송(유선 방송)이 늘어나면서, 텔레비전에서 다루는 프로그램도 다양해지고 있습니다. 그만큼 PD를 필요로 하는 곳이 많아졌고, PD들은 더욱 재미있고 유익한 프로그램을 만들기 위해 열심히 노력하고 있답니다.

Step 3 방송 PD는 어떤 사람일까?

방송 프로그램의 제작을 총지휘하는 책임자

방송 프로그램 하나를 제작하려면 많은 사람의 노력이 필요합니다. 구성 작가, 카메라맨, 조명, 효과, 메이크업 담당, 의상 담당 등 분야별 전문가가 함께하지요. 이때 방송에 참여하는 모든 사람을 이끌어 프로그램을 제작하는 책임자가 바로 방송 PD입니다. 오케스트라를 이끄는 지휘자처럼 방송 PD도 프로그램의 지휘자라 할 수 있어요.

방송 PD는 프로그램 제작의 첫 단계인 기획에서부터 출연진과 장소 섭외, 촬영과 편집에 이르기까지 방송의 모든 단계에 가장 주도적인 역할을 맡고 있어요. 리더인 방송 PD의 역량에 따라 프로그램의 성패가 달려 있다고 해도 과언이 아닐 정도로 절대적인 존재랍니다.

그런 만큼 방송 PD는 매력 있는 직업이면서 한편으로는 고된 직업이기도 합니다. 자신이 제작을 총괄한 프로그램이 시청자들의 사랑을 받으며 사회에 좋은 영향을 끼칠 때에는 기쁨과 보람이 크지만, 잘못되는 경우에는 책임을 떠안게 되는 것도 방송 PD이기 때문이지요.

- 빈칸을 알맞게 채워 보세요.
( )는 방송에 참여하는 모든 사람을 이끌어 프로그램을 제작하는 책임자입니다.

또한 프로그램을 만들다 보면 예기치 않은 돌발 상황이 생길 수 있고 방송이 나가는 마감일에 쫓길 때가 많습니다. 밤샘 작업, 야근 등으로 생활이 불규칙해지기 쉽지요. 언제나 사회 트렌드를 주시하며 참신한 아이디어를 내야 하는 어려움도 있고요. 시청률 경쟁이 점점 치열해지고 있기 때문에 시청률에 대한 부담도 크기만 합니다.

방송 PD가 되는 과정도 쉽지 않아요. 보통 국어, 영어, 상식, 논술 등의 시험을 거치는 방송사의 직원 공개 채용 시험에 합격해야 방송 PD가 될 수 있답니다. 각 방송사별로 1년에 한 번 기회가 있어요. 그 외 수시 모집이 있을 때 지원하거나 프로덕션 및 광고 기획사에 취업하는 것도 하나의 방법이지요.

각종 케이블 방송과 지역 민간 방송이 늘어나면서 방송의 세계는 더욱 다양해지고 있어요. 그만큼 방송 PD를 꿈꾸는 학생도 늘고 있지요. 그럼 이제부터 방송을 이끌어 가는 방송 PD의 세계에 들어가 볼까요?

Step 4

방송 PD는 무슨 일을 할까?

 하나의 방송 프로그램을 만드는 과정은 마치 종합 예술과 같아요. 방송 PD는 모든 과정을 이끄는 책임자로서 리더십과 포용력, 참신한 아이디어와 예술적 감각을 두루 갖춰야 하지요.

 또한 프로그램의 뼈대를 만드는 기획에서부터 출연진과 장소 섭외, 촬영과 편집 기술에 이르기까지 모든 단계에 능통한 만능 멀티 플레이어가 되어야 한답니다.

▌어떤 프로그램을 만들 것인지 기획해요

한 편의 프로그램을 제작하는 첫 단계는 아이템 구성 회의예요. 신문, 책, 인터넷 등 여러 매체를 통해 자료 조사를 거친 뒤 방송 작가를 비롯한 제작팀과 함께 새 프로그램에 대해 논의하고 아이템을 선정해요.

다양한 자료를 바탕으로 한 아이디어 회의를 통해 만들고 싶은 프로그램의 윤곽이 잡히면 제작 결정의 권한이 있는 방송사 본부의 허락을 받기 위해 기획안을 작성해야 해요. 프로그램 장르와 기획 의도, 전체적인 제작 개요와 줄거리, 제작비, 출연진 후보 등을 정리해서 보고하지요. 이러한 기획력은 방송 PD가 갖추어야 할 중요한 역량 중 하나랍니다.

▌프로그램에 참여할 사람들을 결정해요

제출한 기획안이 통과되어 제작이 결정되면 제작에 참여할 스태프, 출연자 등을 결정해요. 방송 작가들이 주로 섭외를 담당하지만, 스타 출연자를 섭외할 때는 방송 PD가 직접 나서기도 합니다.

예능 PD의 경우에는 연예인들과의 인간 관계가 상당히 중요한 부분을 차지하기도 해요. 평소 연예인과 친분이 두터우면 출연 섭외가 좀 더 수월하고, 방송 PD로서의 활동 영역이 넓어질 수 있거든요. 또한 연예인 개인뿐 아니라 연예인이 소속되어 있는 소속사와의 관계까지 고려해야 해요. 중요한 결정에는 소속사의 의견도 무시할 수 없으니까요.

스타 연예인을 섭외하기 위해 방송 PD간의 섭외 경쟁도 치열해요. 시청률을 올리는 데에는 인기가 좋은 연예인의 출연이 효과적이기 때문이지요. 이런 점들을 고려하면, 내성적인 성격보다는 적극적인 성격에 대인 관계가 원만한 사람이 방송 PD의 역할에 더 유리할 수 있어요.

촬영할 시간과 장소를 정해요

방송 PD는 촬영 시간과 장소를 결정할 권한이 있어요. 방송국 스튜디오 안에서 촬영하는 게 아니라 야외에서 촬영해야 할 경우, 촬영지 섭외 경로는 아주 다양해요. 정글 탐험, 야생 체험, 오지 탐방 등의 프로그램을 진행한다면 자연 환경 다큐멘터리를 보며 아이디어를 얻을 수 있겠지요. 우리나라에 들어와 있는 각국의 대사관에서 정보를 얻거나 현지에 거주하는 사람들에게 추천을 받을 수도 있어요.

촬영 장소를 결정하기 위해서는 후보지로 서너 곳을 선택하는 게 일반적이에요. 후보지를 직접 미리 둘러보는 '답사'도 반드시 거쳐야 할 과정이지요. 며칠간 머물며 촬영해야 할 때는 의사, 해양 구조 요원, 오지 탐험가 등의 전문가가 동행하기도 해요. 이처럼 방송 PD는 지방 출장이나 해외 출장이 있을 때에는 오랫동안 집에 들어가지 못할 때도 많답니다.

촬영을 진행해 프로그램을 제작해요

방송 작가가 작성한 촬영 콘티를 바탕으로 촬영을 진행하는 것은 방송 PD의 중요한 역할이에요. 책임 PD의 마음에 들 때까지 추가 촬영을 거듭하지요. 실제 방송에 나갈 분량으로 편집하면 10~20분 정도밖에 되지 않을지라도 촬영은 하루 종일 해야 할 때가 많아요. 혹시나 부족한 장면이 생기지 않도록 촬영 현장에서 방송 PD가 판단을 잘 해야 한답니다.

 촬영이 끝난 뒤에도 방송 PD의 일은 계속되지요. 무엇보다, 촬영한 테이프를 돌려 보며 방송 작가와 의논해 편집 방향을 잡아야 해요. 편집본이 마련되면 그에 따라 방송 작가가 편집 대본을 쓰고 음악과 효과음, 자막을 넣은 후 방송이 나가게 된답니다.

 이 모든 과정이 대개 시간을 다투어 이루어지기 때문에 방송 PD는 방송이 무사히 나가고 마칠 때까지 늘 바쁘고 마음의 여유가 없기 마련이에요. 하지만 자신이 만든 프로그램이 방송되는 것을 보면, 그간의 고생과 피로는 어느새 날아가 버리고 성취감과 만족감이 피어오른답니다.

- 빈칸을 알맞게 채워 보세요.

 방송 PD는 촬영이 끝난 뒤 촬영 테이프를 돌려 보며 방송에 나갈 내용들을 간추리는 (　　　　　) 작업을 해야 해요.

방송 PD로 취업할 수 있는 곳

방송 PD라고 하면 주요 지상파 방송사만 생각하는 친구들이 있어요. 그래서 방송사 입사의 높은 관문에 위축되어 PD의 꿈을 접기도 하지요. 하지만 지역 민방, 종합 유선 방송국, 채널 방송사, 종교 방송 등 방송 PD로 일할 수 있는 곳은 의외로 다양해요. 방송 PD를 꿈꾸고 있다면 아래의 표를 참고해 보세요.

구분	주요 취업처
주요 지상파 방송사	MBC, KBS, SBS, EBS, YTN, 교통방송, 지방 MBC, KBS 지역국 등
지역 민방	경인방송, 대구방송, 울산방송, 광주방송, 대전방송, 전주방송, 강원민방, 경기FM 등
종교 등 특수 목적 방송	평화방송, 기독교방송, 불교방송, 원음방송, 극동방송, 국악방송, 국군방송 등
지상파 방송사의 자회사	MBC프로덕션, MBC플러스, MBC미디어텍, MBC아카데미, MBC미술센터, KBS미디어, KBS플러스, SBS아트텍, SBS뉴스텍, SBS프로덕션 등
채널 방송사 (PP)	Q채널, 대교방송, MBN, 리빙TV, 바둑TV, 골프TV, MBC드라마넷, KBS드라마, 애니원, 온게임넷, OCN, Catch On, DCN, M·net, KMTV, 한국경제TV 등
종합 유선 방송국(SO)	강남Cable-TV, 관악유선방송, 한강cable-TV, 우리방송, 티브로드 서해방송, 영서방송, CMB대전방송, Cable-TV전북방송, 신라케이블방송, 대구케이블방송, 동부산방송 등
독립 제작사	제3비전, 허브넷, 해오름, 파워비전, TV유니온, 한국시네텔리스프로, 미디어랑, 미디어파크, 비타민TV, 에이스비전, 제3영상, 피디집 등
기타	메가TV, 방송대학TV, 아리랑TV, 국회방송, Sky-Life, DMB 방송, 각종 기관의 사내 방송, 인터넷 방송, 연예 기획사, 오디오 제작사, 녹음실, 방송 장비 공급사 등

*MBC아카데미 제공(2013년 현재)

"방송 PD의 직급 체계"

CP(Chief Producer) : 프로그램의 책임 프로듀서예요. PD로 10년 이상 일한 후에 맡을 수 있는 직책이지요. 일반적으로 방송사에서는 교양 제작 국장, 드라마 제작 국장 등 부장급, 국장급 PD를 CP라고 해요. 해당 제작국에서 프로그램을 맡고 있는 PD들을 조율하고 관리하는 역할을 해요. 프로그램의 기획과 예산을 담당하므로 일반 회사의 이사급에 해당되는 관리자라 할 수 있어요.

PD(Producer 혹은 Program Director) : 프로그램 기획, 출연진과 촬영지 섭외, 현장에서의 촬영 진행 등을 통해 방송 프로그램을 실제로 만드는 실무 책임자예요. 외국에는 기획과 제작이 분리된 곳이 많지만 우리나라에서는 PD가 두 역할을 다 하는 경우가 많아 프로듀서와 프로그램 디렉터, 두 가지 표현을 함께 쓰고 있지요.

AD(Assistant Director) : 방송사에 PD로 들어가면 먼저 AD 과정을 거쳐야 해요. 보통 조연출이나 수습 PD라 하지요. 선배 PD의 업무를 보조하며, 제작과 관련된 모든 잡무를 처리하는 역할을 맡아요. 출연자와 장소 섭외, 제작 일정 관리, 촬영 중 스태프들의 식사 장소 마련 등 누군가 꼭 해야 할 잡다한 일들이 AD의 몫이랍니다. 이렇게 현장에서 다양한 경험을 쌓고 능력을 인정받아야 프로그램을 총괄 지휘하는 PD가 될 수 있어요.

FD(Floor Director) : 무대를 관리하는 감독을 뜻하지만 실제로는 AD를 보조하는 진행 요원이라 할 수 있어요. 기본적인 업무는 촬영이 진행되는 스튜디오의 상태를 체크해 필요한 인력과 물품을 준비하는 것이지요. 촬영 중에 방청객의 호응을 유도하며 분위기를 띄우는 일, 카메라 앞으로 사람이 지나가거나 소음이 생기는 것을 방지하는 일도 FD가 맡는답니다.

" 방송 PD도 전문가 시대! "

방송 PD는 프로그램의 소재와 분야에 따라 교양 PD, 예능 PD, 드라마 PD, 라디오 PD로 나눌 수 있어요.

교양 PD : 사람들에게 유익한 정보와 지식을 알려 주는 교양 프로그램, 다큐멘터리 등을 제작하는 사람이에요. 깊이 있는 내용과 정보를 제공하려면 사회 현상에 대한 관심과 통찰력이 필요합니다.

예능 PD : 개그 프로그램, 토크쇼 등으로 시청자들에게 즐거움을 주는 예능 프로그램을 제작해요. 늘 새로운 아이디어와 기획력으로 사람들에게 흥미로운 내용을 제공해야 하지요. 트렌드를 파악하는 감각이 필요해요.

드라마 PD : 드라마를 연출하는 PD예요. 인간의 다양한 삶을 보여 주며 재미와 감동을 전하는 영상 스토리를 만들어 내지요. 작가를 비롯한 제작진과 회의를 통해 드라마의 주제와 소재를 정하고 대본에 따라 필요한 배역과 일정, 촬영 장소 등을 기획해요. 연기자 섭외는 물론 촬영, 편집 등 드라마 제작 환경을 총지휘해야 하며 카메라, 조명, 편집 등을 모두 잘 알아야 합니다.

라디오 PD : 라디오라는 매체를 통해 프로그램의 기획부터 편집, 방송까지 책임지는 사람이에요. 음악 프로그램뿐 아니라 시사, 정보, 뉴스 등 자신이 맡은 프로그램의 기획 의도에 따라, 청취자들의 특성을 고려해 내용을 구성하고 출연자들을 섭외해 방송을 이끌어 갑니다. 음악 프로그램을 연출하는 경우, 평소 대중문화와 음악에 대한 감수성과 지식이 풍부하면 큰 도움이 됩니다.

교양 프로그램의 취재 현장

드라마 촬영에 몰두한 PD와 스태프들

드라마 제작 발표회에서 포즈를 취한
방송 PD와 작가, 배우들

직업 일기
방송 PD의 하루

 나는 방송국에 입사한 지 얼마 안 되는 새내기 조연출가다. 공채 시험에 합격했을 때의 기쁨도 잠시. 현실은 냉혹하기만 했다. 각종 기안과 예산, 정산을 올리느라 엑셀 프로그램을 끼고 살았고, 온갖 소품 준비와 잡다한 심부름으로 하루 종일 분주했다. 새벽에 해가 뜰 때까지 일하는 밤샘 근무도 여러 번. 방송 PD가 되는 길은 어찌나 멀고도 험한지…….

 며칠 전에는 선배 PD가 나를 불렀다. 갑자기 해외 출장을 가게 되었으니 나더러 다큐멘터리 예고편 편집을 맡으라는 거였다. 평소 예고편 편집 작업을 많이 지켜봤고 그다지 어렵지 않은 일 같아 선뜻 알겠다고 대답했다. 물론 선배가 시키는데 못하겠다고 할 수도 없었겠지만.

 그런데 이게 웬일! 며칠 밤을 꼬박 새도 편집의 가닥을 잡기 어려웠다. 머릿속에는 그림이 그려지는 듯한데 실제로 영상을 연결하면 매끄럽지 않고 이상했다.

초조하고 불안해서 밥도 잘 넘어가지 않았다. 방송을 하루 앞두고도 안절부절 테이프를 돌려 보고 있는 가련한 나에게 경험이 풍부한 선배 PD가 다가왔다. 선배는 잠깐 동안 내가 한 작업을 살펴보더니 편집의 기술 몇 가지를 설명해 주었다.
　나는 그간의 작업을 과감히 버리고, 선배의 조언을 참고해 처음부터 다시 예고편을 만들기 시작했다. 이 역시 우여곡절이 있었지만 결국 오케이 사인을 받을 수 있었다.
　오늘 저녁, 내가 만든 예고편이 나오는 방송 화면을 보는 순간 짜릿한 감동이 밀려왔다. 몇 분 안 되는 방송 분량으로 이만한 감격을 얻는데, 앞으로 처음부터 끝까지 내가 만든 프로그램을 보면 도대체 어떤 기분일까!

Step 5 방송 PD의 좋은 점 vs 힘든 점

좋은 점 : 자신이 만든 프로그램으로 사람들과 소통할 수 있어요!

   텔레비전은 누구나 가장 손쉽게 즐길 수 있는 대중 매체예요. 그만큼 많은 사람들에게, 가장 빠르게 영향을 끼칠 수 있는 게 바로 텔레비전이지요.

   그러한 매체에 재미와 감동이 있는 내용을 전달하고 사람들과 소통하는 것은 방송 PD가 누릴 수 있는 특별한 장점이랍니다. 방송을 본 사람들이 좋은 반응을 보일 때, 방송을 통해 사회가 조금이라도 나은 방향으로 변화하는 것을 느낄 때 큰 보람을 느낄 수 있어요. 또한 늘 시대의 트렌드를 앞서 가는 점, 다양한 사람을 만나고 새로운 체험을 한다는 점에서 즐겁게 일할 수 있는 직업이랍니다.

• 보기를 보고 정답을 맞혀 보세요.

방송 PD의 장점은 자신이 제작한 프로그램으로 사람들과 소통할 때 큰 보람과 자긍심을 느낀다는 점입니다. 그렇다면 방송 PD의 단점은 무엇일까요?
① 항상 똑같은 일을 반복해야 하므로 지루함을 느낀다.
② 프로그램을 제작하다 보면 불규칙적인 생활을 할 때가 많다.
③ 다른 사람과 함께하는 일보다는 혼자 하는 일이 많다.

힘든 점 : 불규칙한 생활을 하게 되고 시청률의 부담이 커요!

프로그램을 제작하다 보면 일하는 시간이 일정치 않고, 불규칙한 생활을 하게 돼요. 드라마 PD는 계속되는 야외 촬영으로 몇 주씩 집에 들어가지 못할 때가 있고, 다큐멘터리 PD는 아예 몇 달 동안 외딴 섬이나 정글에 가서 살아야 할 때도 있지요.

자기가 맡은 방송에 대한 책임도 무거워요. 누구를 출연시킬 것인지, 어떤 내용을 담을 것인지, 현장 취재에서 부족한 촬영이 없는지, 편집 과정에서 어떤 컷을 살릴 것인지, 매순간 결단이 필요하며 그것은 온전히 방송 PD의 몫이니까요. 방송국마다 시청률 경쟁이 점점 심해지면서 시청률의 부담이 큰 것도 힘든 점이에요.

Step 6
방송 PD는 어떤 능력이 필요할까?

창의력

참신한 아이디어로 프로그램을 기획하는 창의력이 무엇보다 중요해요. 어떤 프로그램을 만들어야 사람들에게 즐거움과 유용한 정보를 줄 수 있는지 끊임없이 고민해야 하지요. 기획한 것을 구체적으로, 완성도 높게 프로그램을 만들어 내는 추진력도 중요한 능력이라 할 수 있어요.

리더십

방송 프로그램을 만들려면 많은 사람의 협력이 필요하지요. 여러 사람과 공동으로 일을 진행해야 하기 때문에 리더십과 원만한 대인 관계 능력은 방송 PD가 갖추어야 할 필수 요건이랍니다.

돌발퀴즈

- 알맞은 답을 고르세요.

방송 PD로 일을 하려면 다음 중 어떤 능력이 가장 필요할까요?

① 글쓰기 　　　② 리더십 　　　③ 가르치기

판단력

　방송 촬영을 할 때는 예상치 못한 상황이 종종 생겨요. 어떤 문제 상황이 닥치더라도 침착하고 현명하게 대처할 수 있는 상황 판단력도 방송 PD가 지녀야 할 중요한 능력이지요. 급박한 상황에서는 특히 순발력 있게 해결책을 제시하는 능력이 필요합니다.

체력

　방송 제작은 야외 촬영이나 지방 촬영, 편집 작업 등으로 밤샘 작업이 많고 휴일에도 일해야 할 때가 많아요. 기본적으로 체력이 뒷받침되지 않으면 오래 일을 할 수 없지요. 평소에 건강 관리와 체력 관리에 힘써야 해요. 방송 PD에게는 체력도 꼭 필요한 능력이랍니다.

Step 7

방송 PD가 되기 위한 과정은?

자격증
(멀티미디어 콘텐츠 제작 전문가)

졸업 후
(방송국)

대학교
(신문방송학과 등 방송 및 언론 관련 학과)

중·고등학교
(일반 또는 자율 고등학교)

중·고등학교

사회 공부를 열심히 하고 평소 책을 많이 읽어 국내외 정치와 경제, 사회·문화, 역사 등 다방면의 지식을 알아 두면 큰 도움이 됩니다. 문과와 이과를 동시에 고려할 수 있는 일반 또는 자율 고등학교로 진학합니다.

대학교

신문방송학과 등 방송 및 언론 관련 학과를 전공 하면 좋지만 큰 상관은 없어요. 전공보다 사람과 사회에 대한 관심, 다양한 경험과 창의력이 더 중요합니다.

졸업 후

방송 PD가 되는 방법은 방송사 공채와 인맥을 활용하는 방법이 있어요. 방송사 공채는 텔레비전 PD, 라디오 PD, 스포츠 PD, 편성 PD 등으로 구분해 채용하며 1차 서류 전형, 2차 필기 시험, 3차 면접 순으로 입사 시험을 치르게 됩니다. 또한 학창 시절의 방송국 동아리 활동과 방송 관련 아카데미를 통해 인맥을 쌓아 취업의 기회를 얻는 경우도 많습니다.

관련 자격증

디지털 영상 편집, 멀티미디어 콘텐츠 제작 전문가

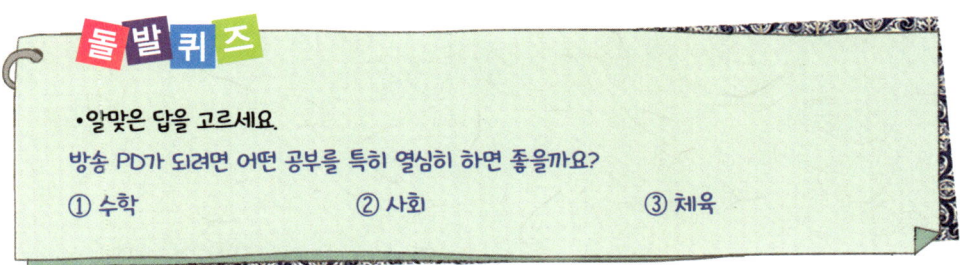

돌발퀴즈
- 알맞은 답을 고르세요.
방송 PD가 되려면 어떤 공부를 특히 열심히 하면 좋을까요?
① 수학　② 사회　③ 체육

직업 사전, 적합도 평가

방송 PD라는 직업이 나와 얼마나 어울릴까?

❖ ( ) 안에 돌발퀴즈의 답을 적어 넣으면 직업 사전이 완성됩니다.

방송 PD	직업 사전	직업 적합도		
		항목	평가	점수
정의	( )는 방송에 참여하는 모든 사람을 이끌어 프로그램을 제작하는 책임자입니다.	방송 PD라는 직업 자체에 얼마나 흥미가 있나요?	☆☆☆☆☆	/ 5
하는 일	방송 PD는 촬영이 끝난 뒤 촬영 테이프를 돌려 보며 방송에 나갈 내용을 간추리는 ( ) 작업을 해야 해요.	방송 PD가 하는 일에 얼마나 흥미가 있나요?	☆☆☆☆☆	/ 5
장단점	방송 PD의 장점은 자신이 제작한 프로그램으로 사람들과 소통할 때 보람을 느끼는 거예요. 단점은 프로그램을 제작할 때 ( ) 생활을 하게 된다는 것이지요.	장점과 단점을 모두 고려할 때 방송 PD라는 직업이 얼마나 좋은가요?	☆☆☆☆☆	/ 5
필요 능력	방송 PD가 되려면 아이디어, 판단력, ( ), 체력 등이 필요합니다.	방송 PD가 되기 위해 필요한 능력을 얼마나 갖추고 있나요?	☆☆☆☆☆	/ 5
되는 방법	평소 ( ) 과목 공부를 열심히 하고 책을 많이 읽어 두면 좋아요. 대학에서 방송 및 언론 관련 공부를 하면 도움이 되지요.	방송 PD가 되기 위한 공부를 하는 데 얼마나 관심이 있나요?	☆☆☆☆☆	/ 5

방송 PD 적합도(총점) :   / 25

직업 적합도 평가 방법

❶ 직업 사전의 항목을 꼼꼼히 읽어 보세요.

❷ 직업 적합도 항목을 읽고 해당하는 만큼 별표를 색칠해 주세요.

  0개 : 전혀 없음   1개 : 거의 없음   2개 : 조금 있음

  3개 : 보통   4개 : 많음   5개 : 아주 많음

❸ 별 1개당 1점으로 계산하여 점수를 적어 넣으세요.

❹ 평가 기준(총점)

총점	적합도	목표 직업으로 삼을 경우 고려할 점
21~25	매우 높음	직업 적합도가 매우 높습니다. 이 직업을 목표로 삼고 필요한 능력을 꾸준히 개발하도록 합니다.
16~20	높음	직업 적합도가 높습니다. 적합도 점수가 낮은 부분을 중심으로 보완하도록 합니다.
11~15	보통	직업 적합도가 보통입니다. 꾸준히 관심을 가지고 이 직업에 대해 알아보도록 합니다.
0~10	낮음	직업 적합도가 낮습니다. 해당 직업과 함께 다른 직업의 정보도 함께 알아보도록 합니다.

Step 8

교사와 학부모를 위한 가이드
적성&진로 지도

이렇게 지도하세요

프로그램 제작의 전 과정을 이끌어 가는 방송 PD에게는 슈퍼맨과 같은 자질이 요구됩니다. 방송이란 사회적 소통의 매체이므로 기본적으로 사회에 대한 지속적 관심과 인간에 대한 애정이 있어야 하지요. 참신한 아이디어, 문제 해결력, 리더십 등의 능력도 반드시 필요합니다.

단순히 미디어의 화려한 면을 동경하며 막연하게 접근하기보다는 구체적이고 적극적인 준비가 필요합니다. 평소에 남들과 다르게, 차별화된 관점을 가지고 개성과 창의성을 기르는 것도 도움이 되지요. 매사에 궁금증과 호기심을 가지고, 새로운 경험에는 '왜?'라고 질문하며 스스로 답변을 추구하는 생활 태도를 기르면 좋습니다.

학습 설계(중점 과목)	
구분 I	구분 II
국어, 영어, 수학	사회, 과학, 예체능

활동 설계(관련 활동)	
동아리	방송반, 교지 편집 위원회, 신문 활동 동아리, UCC 영상 동아리
독 서	《현대사회와 매스커뮤니케이션》《PD가 말하는 PD》《PD, Who&How》《핵심정리 PD 되기》
기 타	도서관 자료 정리, 계몽 캠페인 봉사, 공공 시설 일손 돕기

다방면에 걸쳐 상식이 풍부할수록 유리하고 인문학적 소양도 필요하므로, 어려서부터 독서와 글쓰기에 익숙하다면 큰 도움이 됩니다. 또한 스스로의 아이디어로 영상물 만드는 것을 즐기는 자녀라면 방송 PD는 더없이 멋진 직업이 될 것입니다.

꼭 알아 두세요

최근에는 기존의 공중파 방송 외에 케이블 방송, 인터넷 방송 등으로 매체가 크게 늘어났지요. 다양한 채널이 생겨난 만큼 능력 있는 PD를 필요로 하는 곳도 늘고 있어요. 방송 PD를 꿈꾸는 자녀가 폭넓은 정보를 얻을 수 있도록 도와주세요.

교사와 학부모를 위한 가이드
직업 체험 활동

KBS On 견학홀 탐방

서울 여의도에 있는 KBS 본관 건물의 'KBS On 견학홀'은 어린이들이 방송 체험을 하기에 좋은 곳이에요. 입구에 들어서면 KBS에서 방송하는 모든 프로그램이 눈앞에 펼쳐지지요. 미래 방송관에서는 '스마트 TV'를 조작해 볼 수 있고, 실제 스튜디오처럼 꾸며진 공간에서 실시간으로 텔레비전 모니터를 확인할 수 있는 뉴스 앵커 체험도 가능하답니다.

EBS 직업 체험 학교

EBS에서는 방학마다 학생들을 대상으로 '방송 직업 체험 학교'를 운영하고 있어요. 스튜디오 견학은 물론 카메라의 원리를 배우고 방송 PD와 직접 만나 이야기도 나누지요. 미래의 방송 PD를 꿈꾸는 학생들이 구체적인 정보를 얻고 체험해 보는 좋은 기회가 될 것입니다.

방송 PD들이 쓴 책 읽기

현직 방송 PD들이 쓴 책, 또는 방송 PD들의 생활을 담은 책을 읽어 보는 것도 좋습니다. 방송 PD들이 직접 들려주는 이야기를 통해 솔직한 직업인의 모습을 알 수 있으니까요. 또한 방송 PD가 되기 위한 현실적인 준비 과정, 방송국 신입 방송 PD들의 다양한 합격 수기, 경력을 쌓아 가는 과정의 어려움 등을 담은 이야기도 도움이 될 것입니다.

추천 사이트

한국방송예술교육진흥원　http://www.kbatv.org

MBC아카데미　http://www.mbcac.com

KBS　http://www.kbs.co.kr

MBC　http://www.imbc.com

SBS　http://www.sbs.co.kr

공학 계열

IT 컨설턴트

Step 1

IT 컨설턴트 이야기

IT 컨설턴트는 기업 운영을 하는 데 필요한 IT 전략을 세워 주는 사람이에요. IT란 'Information Technology'의 줄임말로 '정보 기술'을 뜻해요.

IT 컨설턴트는 기업 경영 및 업무 방식에 관한 자료를 분석해 기업의 이익을 늘리고 업무 효율을 높일 수 있도록 IT적 해결책을 제시합니다. 우리 함께 IT 컨설턴트의 세계를 살펴볼까요?

IT 컨설턴트가 구축한
'스마트 영상 민원' 서비스를 통해
자격증을 발급받는 시민

기업의 의뢰를 받아
정보 시스템을 파악하는 IT 컨설턴트

할인 매장의 IT 시스템을 통해
쇠고기의 유통 정보를 확인하려는 소비자

Step 2 역사 속 직업 이야기

우리나라 IT의 역사

우리나라는 'IT 강국'이라는 말을 많이 듣습니다. 컴퓨터를 이용한 정보 통신, 정보 기술이 크게 발달해 있기 때문이지요.

우리나라가 세계적인 IT 국가로 성장하기 시작한 것은 1990년대예요. 개인용 컴퓨터가 널리 보급되면서 PC 통신과 인터넷이 빠르게 확산되었던 시기랍니다. 인터넷 이용자가 크게 늘어나면서 초고속 통신망이 도입되었고, 대한민국의 정보 통신 기술은 세계 최고 수준으로 올라서기 시작했지요.

컴퓨터를 활용하는 프로그램인 소프트웨어는 물론 컴퓨터 시스템과 부품을 가리키는 하드웨어에 이르기까지, 대한민국의 기술은 발전을 거듭했어요. 대표적인 워드 프로세서 프로그램인 '아래아 한글'을 비롯해 우리나라 최초의 컴퓨터 백신 프로그램인 'V3' 등 국산 소프트웨어의 개발이 끊임없이 이어졌지요. 더불어 그래픽카드와 모뎀, 반도체, 휴대폰 등 기계의 발달도 빠르게 이루어졌어요.

2000년대에 이르러서는 거의 모든 사람이 인터넷을 사용하게 되었어요. 인터넷을 통해 쇼핑을 하고, 은행 거래를 하고, 뉴스를 보고, 친구를 사귀었지요. 이때부터 IT는 특정 산업을 가리키는 것을 넘어 우리 삶의 일부, 우리의 일상이 되었다고 할 수 있어요.

오늘날 대한민국은 전국 어디서나 초고속 인터넷을 자유롭게 사용할 수 있고, 누구나 휴대폰으로 24시간 통신이 가능해요. 도서관에 가면 컴퓨터를 이용해 원하는 책을 찾고, 대출과 반납도 컴퓨터로 자동 처리할 수 있지요.

이 같은 IT의 활용은 기업에서 더욱 적극적으로, 거의 모든 분야에서 이루어지고 있어요.

만약 우리 집이 전통 한과를 만들어 파는 공장을 운영한다고 가정해 보아요. 이러한 공장에서도 IT 시스템을 활용한답니다. 컴퓨터가 원하는 수량의 한과를 만들려면 재료가 얼마나 필요한지 알려 주고, 일정 기간 동안 한과가 얼마나 생산되었는지, 얼마나 팔았는지도 계산해 주는 거예요.

사람이 직접 계산하면 오래 걸리는 일을 컴퓨터에 있는 정보 시스템 덕분에 빠르고 정확하게 관리할 수 있어요. 이러한 정보 시스템을 설계해 주는 일을 하는 사람이 바로 IT 컨설턴트랍니다.

Step 3

IT 컨설턴트는 어떤 사람일까?

컴퓨터 정보 시스템으로 기업의 경쟁력을 높여 주는 승부사

　IT 컨설턴트는 기업의 요청에 따라 기업의 특성에 맞춘 최고의 컴퓨터 정보 시스템을 계획, 제안하는 전문가예요.

　예를 들어 우리가 잘 아는 EBS 방송(교육방송)은 교육 서비스를 제공하는 공익 채널이에요. 이 방송사에서 '다시 보기' 등의 포털 서비스, 회계 시스템, 교육 콘텐츠를 저장하는 데이터 베이스를 구축하려고 해요. 이때 기간과 비용, 인력이 얼마나 필요한지 알아내고 도움을 주는 사람이 바로 IT 컨설턴트지요.

　예전에는 프로그램 개발자가 자신의 경험에 의지해 정보 시스템을 만들었지만, 날이 갈수록 시스템이 복잡해지면서 그들의 업무 범위를 벗어나는 일이 많아졌어요. 그래서 정보 시스템을 좀 더 전문적으로 분석하고 효율적으로 설계의 방향을 제시하는 IT 컨설턴트의 수요가 늘어나게 되었답니다.

　정보 시스템을 개발할 때 가장 중요한 요소는 효율성이에요. 같은 목적의 시스템이라 해도 어떤 시스템은 2시간이 걸려 일을 처리하고 어떤 시스템은 1시간 만에 일을 처리하게 만들 수 있어요. 개발 비용 또한 1억이 들 수도 있고, 그 두

돌발 퀴즈

- 빈칸을 알맞게 채워 보세요.

(   )는 기업의 요청에 따라 기업의 특성에 맞춘 최고의 컴퓨터 정보 시스템을 계획, 제안하는 전문가입니다.

배가 들 수도 있지요. 이런 차이는 기업의 경쟁력 차이로 연결되기 때문에 모든 기업은 가장 효율적인 정보 시스템을 마련하기 위해 노력하고 있어요.

  예를 들어 A은행의 고객이 인터넷 뱅킹으로 돈을 이체하려는데 다음 단계로 이동할 때마다 1분씩 기다려야 한다면 어떻게 될까요? 답답함을 못 참는 고객들은 다른 은행으로 옮길 수도 있어요. 고객들의 불만이 쌓이는 것을 알게 된 A은행은 고객이 빠르고 편리하게 거래할 수 있는 시스템을 구축할 필요를 느끼겠지요.

  IT 컨설턴트는 이러한 기업의 필요에 맞춰, 정보 처리 속도가 빠르고 안정적이며 보안이 철저한 시스템을 구축하는 역할을 담당합니다.

Step 4

IT 컨설턴트는 무슨 일을 할까?

IT 컨설턴트는 언제나 1:1 맞춤 방식의 시스템을 제공해요. 기업마다 업무 내용과 경영 환경이 다르기 때문에 똑같은 시스템을 적용할 수 없을 뿐더러, A기업에서는 효율적인 방식이 B기업에서는 비효율적일 수 있기 때문이지요. 따라서 IT 컨설턴트는 컴퓨터 지식뿐 아니라 각 기업의 경영 및 업무 환경에 대한 이해가 필요합니다.

고객의 의뢰가 들어오면 사전 조사를 해요

컨설팅 업무를 시작할 때 가장 먼저 할 일은 고객이 의뢰한 문제와 상황을 충분히 이해하는 거예요. 현재의 실태를 파악해야 문제점에 대한 해결책을 찾을 수 있으니까요.

이를 위해 고객사의 업무 프로세스, 장단점, 자원 활용도, 개선 사항 등 최대한의 자료를 수집해요. 이렇게 수집한 자료를 바탕으로 여러 차례 내부 회의를 진행하지요. 회의를 통해 고객이 궁극적으로 원하는 결과물이 어떤 것인지, 어떤 해결책을 제공해야 최고의 만족을 줄 수 있는지 토론을 거듭하며 전략을 세워 갑니다.

회사를 방문해 문제점을 살펴보고 진단해요

IT 컨설턴트의 업무가 순조롭게 진행되려면 고객의 요구를 정확히 파악하는 것이 가장 중요해요. 그래서 고객사를 직접 방문해 문제점과 상황을 짚어 볼 때가 많아요.

내부 회의를 통해 점검해야 할 내용을 '체크 리스트'로 만들어 준비한 뒤 고객사의 사무실이면 사무실, 공장이면 공장, 구석구석 현장 점검에 나선답니다. 현장에서 일하는 실무자들과 만나 면담을 해서 얻는 정보가 가장 정확하니까요. 그 밖에 직원 설문 조사를 실시하기도 하고 여러 가지 내부 자료를 넘겨받아 점검해 보기도 해요.

기업에서 정보 시스템을 구축하고 정비하는 것은 기업의 경영 및 업무 효율성을 높이려는 목적이 있어요. 이것은 때로 기업의 인력 감축으로 이어지기도 해요. 그러다 보니 고객사의 실무자들 중에는 면담에 소극적으로 답하는 사람도 있다고 해요. 이런저런 어려움 속에서도 IT 컨설턴트는 빠른 시일 내에 해당 기업의 모든 정보 시스템을 속속들이 파악해야 해요. IT 컨설턴트의 업무에는 항상 다양한 분야에 대한 공부와 조사가 필요하답니다.

구체적인 해결책을 상의한 후 정보 시스템을 설계해요

고객사의 요구 사항을 바탕으로 분석된 기업의 문제 및 해결점을 충분히 상의했다면, 기업의 경영 환경과 정보 시스템에 잘 맞는 하드웨어와 소프트웨어를 개발하고 설치해요.

예를 들어, 어떤 은행에서 최첨단 뱅킹 시스템을 구축하고 싶다는 의뢰를 받았다고 해 보지요. IT 컨설팅 회사는 그 은행이 현재 운영하고 있는 시스템의 상황을 파악하고, 고객의 요구에 맞는 해결 방안에 대해 논의를 할 거예요. 그래서 현재의 시스템을 부분적으로 개선할 것인지, 완전히 새로운 시스템을 개발할 것인지 등을 결정하겠지요.

그 은행에 가장 잘 맞는 시스템을 구축한 뒤 시스템이 효율적으로 운영되고 있는지, 예상치 못했던 문제점은 없는지 점검하는 것도 IT 컨설턴트의 몫이랍니다.

돌발 퀴즈

- 빈칸을 알맞게 채워 보세요.

IT 컨설턴트는 고객사의 요구 사항을 파악하여 구체적인 해결책을 상의한 후 그에 적합한 (   ) 시스템을 설계해요.

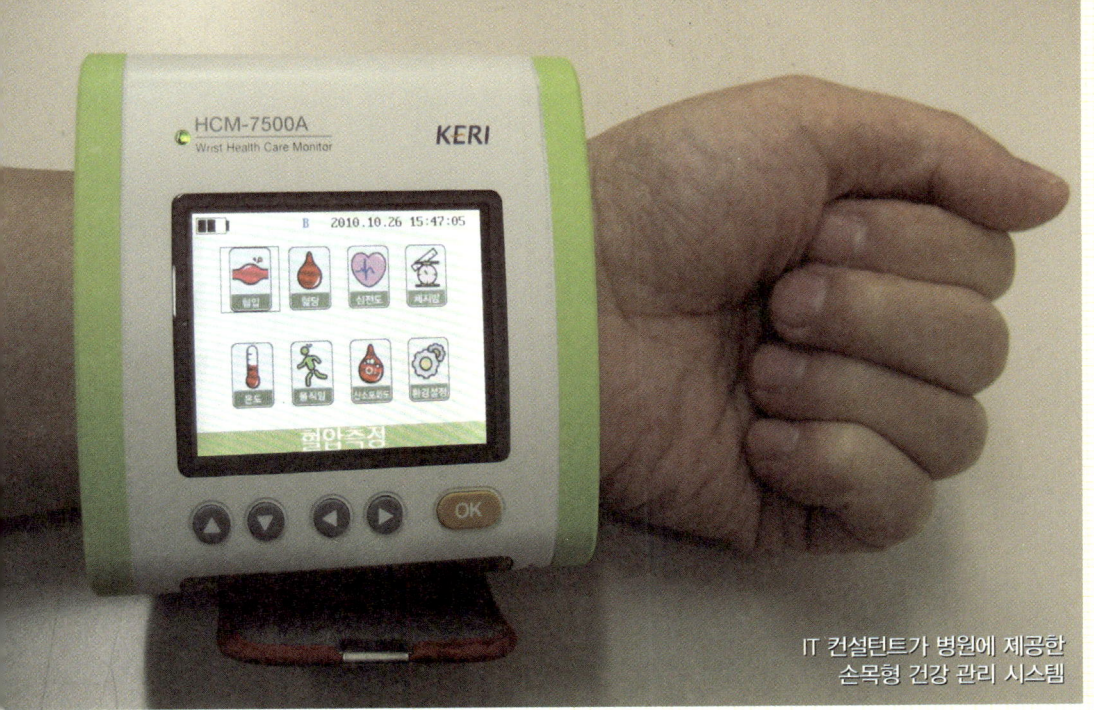

IT 컨설턴트가 병원에 제공한
손목형 건강 관리 시스템

" IT 컨설턴트의 도움이 필요한 곳 "

IT 컨설턴트의 활동 영역은 기업으로 제한되어 있지 않아요. 우리가 몸이 아플 때 가게 되는 병원에서도 IT 컨설턴트의 도움이 필요해요. 진료를 받아야 하는데 기다리는 사람이 많으면 무작정 기다리는 게 답답하고 언제 차례가 돌아오는지 궁금하지요. 그럴 때 대기실에 놓여 있는 모니터를 통해 대기자 명단과 진료 여부를 실시간으로 확인할 수 있어요. 검사나 수술을 위해 입원했을 때, 개인 정보가 담긴 전산 패드를 붙이고 개인용 휴대 정보 단말기를 주어 환자의 위치와 진료 상황을 실시간으로 확인하는 병원도 있지요.

우리가 일상적으로 이용하는 버스와 지하철의 교통 요금과 편의점 결제를 도와주는 'T-Money'도 IT 컨설턴트가 구상하고 제안한 것이 채택된 거예요. 은행이나 증권 회사 같은 금융사에서도 개인 정보 보호와 관련한 IT 컨설팅이 반드시 필요하지요. 학교에서도 학생들의 성적 및 생활 기록부의 관리를 효율적으로 하기 위해 정보 시스템이 필요해요. 이처럼 기업을 비롯해 금융, 학교, 병원, 백화점 등 사회 곳곳에서 IT 컨설턴트의 역할이 늘어나고 있답니다.

직업 일기
IT 컨설턴트의 하루

오늘은 서초동의 A고객사로 출근하는 날이다.

오전 8시부터 이번 프로젝트에 참여하는 팀원들이 모여 내부 회의를 진행했다. 오늘 고객사에서 발표할 자료에 대한 검토는 물론, 각자의 일정과 문제들을 놓고 의견을 나누었다.

오전 9시. 고객사의 임원들을 대상으로 프로젝트 중간 보고가 시작되었다. 고객사의 상황 분석을 바탕으로 앞으로 진행할 프로젝트의 방향, 필요한 예산과 인력, 예상되는 작업 기간 등의 내용이었다. 보고가 끝난 후에는 궁금한 것을 묻고 답하는 질의 응답이 이어졌다.

정오가 다 돼서야 회의실에서 나올 수 있었다. 점심은 B고객사 담당자들과 약속이 돼 있었다. 점심 약속이라지만 밥을 어떻게 먹었는지도 모르겠다. 그 자리에서 일 이야기가 2시까지 이어졌다. 그러고는 다시 서초동의 A고객사로 들어가 오전 회의 내용을 바탕으로 프로젝트 방향에 대한 전략을 보완하는 작업을 했다.

　저녁 7시. 여의도의 금융 회사 직원들을 대상으로 '정보 보안 체제를 위한 IT 시스템의 중요성'에 대해 강의를 했다. 강의를 마치고 곧바로 집에 들어가면 좋으련만, 요즘 같아선 어림도 없는 일! 서둘러 삼성동에 있는 내 사무실로 발걸음을 옮겼다.

　두 번째 출근이라고 해야 하나? 며칠 전 어느 공기업에서 프로젝트 요청이 있어 제안서를 준비해야 했다. 컴퓨터를 켜 보니 수십 통의 이메일이 줄지어 올라와 있었다. 급한 메일을 처리하고 준비 중인 제안서를 쓰다 보니 어느덧 자정이 훌쩍 넘어갔다.

　일주일째 이런 생활이 계속되고 있다. 체력적으로도 힘들고 여유가 없지만, 보람과 의미는 충분하다. 기분 좋은 긴장과 배움의 즐거움이 있기 때문이다. 힘들어도 내가 이 일을 좋아하는 이유가 여기 있다.

Step 5

IT 컨설턴트의
좋은 점 vs 힘든 점

좋은 점 : 새로운 고객과 새로운 일에 도전하므로 성취감이 높아요!

한 회사에 오래 근무하면 비슷한 일을 반복해서 하게 될 때가 많아요. 그런 생각이 들면 왠지 답답하게 느껴지기도 해요. 하지만 IT 컨설턴트는 달라요.

기업, 호텔, 학교, 병원, 공공 기관 등 이루 말할 수 없이 다양한 분야에서 각기 다른 일을 하는 사람들과 만나 새로운 프로젝트에 도전하기 때문에 성취감이 높아요. 또 프로젝트를 완벽하게 마치고 고객사에서 효율성을 인정받을 때는 큰 보람을 느낄 수 있답니다.

- 보기를 보고 정답을 맞혀 보세요.

IT 컨설턴트의 장점은 늘 새로운 고객과 새로운 일을 한다는 것, 프로젝트를 마쳤을 때 성취감이 높다는 것입니다. 그렇다면 IT 컨설턴트의 단점은 무엇일까요?

① 제한된 시간 안에 성과를 내야 하기에 밤낮없이 일할 때가 많다.
② 비슷한 일을 해마다 반복하므로 업무의 지루함을 느낀다.
③ 언제나 만나는 사람들만 만나기 때문에 대인 관계의 폭이 좁다.

힘든 점 : 제한된 시간 안에 성과를 내기 위해 밤낮없이 일할 수도 있어요!

프로젝트가 시작되면 고객사는 짧은 시간 안에 최대한의 성과를 얻기 원해요. 때문에 컨설턴트는 프로젝트 기간 동안 늦게까지 일하며 시간을 단축시켜야 할 때가 많아요. 시간에 쫓기면서 수많은 회의와 문서 작업을 해내느라 체력 소모가 많고 불규칙한 생활을 하기 쉽지요.

또한 컨설팅 업무란 기본적으로 고객의 요구에 맞춰 진행하는 것이기 때문에 고객과의 관계를 유지하는 데 많은 신경을 써야 해요. 무리한 요구를 하는 고객이나 불만이 많은 고객을 만날 때는 고객을 상대하는 일이 힘들게 느껴질 수 있어요.

Step 6

IT 컨설턴트는 어떤 능력이 필요할까?

컴퓨터 활용 능력

고객의 요구에 맞춰 정보 기술을 활용하는 일을 하기 때문에 정보 시스템 전반에 걸쳐 전문적인 지식이 필요해요. 컴퓨터 프로그램을 개발하는 사람은 자신이 필요한 영역만 알면 되겠지만 IT 컨설턴트는 어떤 시스템이 가장 효율적인지 판단하기 위해 컴퓨터 하드웨어 및 소프트웨어에 대한 폭넓은 지식을 갖춰야 해요.

논리 및 분석력

기업에서 IT 컨설턴트를 찾을 때는 단순히 정보 기술 방면에 뛰어난 사람보다 경영 지식까지 두루 갖춘 전문가를 선호합니다. 이때 기업의 경영 환경을 잘 이해하기 위해서는 방대한 자료나 정보를 분석하는 능력이 필요합니다. 또 고객의 요구 사항을 정확히 파악해 문제를 진단하고 최적의 답을 이끌어 내기 위해서는 논리적인 사고가 필요합니다.

돌발퀴즈

- 알맞은 답을 고르세요.

IT 컨설턴트의 일을 하려면 다음 중 어떤 능력이 가장 필요할까요?

① 정교함　　　　② 컴퓨터 활용 능력　　　　③ 가르치기 능력

의사소통 능력

고객사의 업무 분석을 위해 실무자들을 만나 회의를 하는 일이 많기 때문에 의사소통 능력이 중요해요. 상대방의 말을 경청하는 인내심과 고객에게 핵심을 이해시키는 설득력도 필요하지요. 또한 프로젝트로 이루어지는 컨설팅 업무의 특성상 함께 일하는 동료들과의 원만한 의사소통도 중요합니다.

서비스 능력

컨설팅은 고객이 요구하는 지적 서비스를 제공하는 업종입니다. 그만큼 다른 사람의 입장에서 생각하고 적절한 때에 적절한 도움을 주는 서비스 능력이 필요하지요.

Step 7

IT 컨설턴트가 되기 위한 과정은?

관련 자격증
(정보 관리 기술사, 정보 처리 기사,
네트워크 관리사, 정보 시스템 감리사)

졸업 후
(IT 컨설팅 전문 업체,
IT 서비스 업체)

대학교
(컴퓨터공학과, 산업공학과)

중·고등학교
(일반 또는 특성화 고등학교)

중·고등학교

수학, 과학 공부를 집중적으로 하는 이과 계열을 선택하는게 유리합니다. 일반 또는 자율 고등학교, 과학 고등학교에 진학하는 것이 좋습니다.

대학교

컴퓨터공학, 산업공학 관련 공부를 하고 컴퓨터 프로그래밍 등의 실무 교육을 받는 것이 도움이 됩니다. 경영학을 전공한 후 컴퓨터 관련 지식을 습득하는 방법도 있습니다. IT 지식뿐 아니라 산업 분야의 지식을 알아야 합니다.

졸업 후

회사에 따라 대학원 이상의 학력을 요구하는 곳도 있으므로 경영 관련 대학원에서 경영 정보 시스템(MIS)을 공부하면 도움이 됩니다. IT 컨설팅 전문 업체, IT 서비스 업체, ST(시스템 통합) 업체의 프로젝트 리더(PL), 관련 전문 교육 기관의 강사로 활동할 수도 있습니다.

관련 자격증

정보 관리 기술사, 정보 처리 기사, 네트워크 관리사, 정보 시스템 감리사

돌발 퀴즈

• 알맞은 답을 고르세요.
IT 컨설턴트가 되기 위해서 특히 어떠한 공부를 특히 열심히 하면 좋을까요?
① 과학　　② 국어　　③ 한문

직업 사전, 적합도 평가

IT 컨설턴트라는 직업이 나와 얼마나 어울릴까?

❖ ( ) 안에 돌발퀴즈의 답을 적어 넣으면 직업 사전이 완성됩니다.

IT 컨설턴트	직업 사전	직업 적합도		
		항목	평가	점수
정의	( )는 기업의 요청에 따라 기업의 특성에 맞춘 컴퓨터 정보 시스템을 계획, 제안하는 전문가예요.	IT 컨설턴트라는 직업 자체에 얼마나 흥미가 있나요?	☆☆☆☆☆	/ 5
하는 일	IT 컨설턴트는 고객사의 요구 사항을 파악해 구체적인 해결책을 상의한 후 그에 적합한 ( ) 시스템을 설계해요.	IT 컨설턴트가 하는 일에 얼마나 흥미가 있나요?	☆☆☆☆☆	/ 5
장단점	IT 컨설턴트의 장점은 새로운 고객과 새로운 일을 한다는 것, 성취감이 크다는 것입니다. 하지만 시간에 쫓기는 일이 많기 때문에 ( )는 단점이 있어요.	장점과 단점을 모두 고려하였을 때 IT 컨설턴트라는 직업이 얼마나 관심이 있나요?	☆☆☆☆☆	/ 5
필요 능력	IT 컨설턴트는 ( ), 논리 및 분석력, 의사소통 능력, 서비스 능력 등이 필요해요.	IT 컨설턴트가 되기 위해 필요한 능력을 얼마나 갖추고 있나요?	☆☆☆☆☆	/ 5
되는 방법	IT 컨설턴트는 ( ), 과학에 관심이 많아야 합니다. 또한 대학교 때 컴퓨터 프로그래밍, 경영 등을 공부하면 도움이 됩니다.	IT 컨설턴트가 되기 위한 공부를 하는데 얼마나 관심이 있나요?	☆☆☆☆☆	/ 5

IT 컨설턴트 적합도(총점) : / 25

직업 적합도 평가 방법

❶ 직업 사전의 항목을 꼼꼼히 읽어 보세요.

❷ 직업 적합도 항목을 읽고 해당하는 만큼 별표를 색칠해 주세요.

　　0개 : 전혀 없음　　　　1개 : 거의 없음　　　　2개 : 조금 있음

　　3개 : 보통　　　　　　4개 : 많음　　　　　　5개 : 아주 많음

❸ 별 1개당 1점으로 계산하여 점수를 적어 넣으세요.

❹ 평가 기준(총점)

총점	적합도	목표 직업으로 삼을 경우 고려할 점
21~25	매우 높음	직업 적합도가 매우 높습니다. 이 직업을 목표로 삼고 필요한 능력을 꾸준히 개발하도록 합니다.
16~20	높음	직업 적합도가 높습니다. 적합도 점수가 낮은 부분을 중심으로 보완하도록 합니다.
11~15	보통	직업 적합도가 보통입니다. 꾸준히 관심을 가지고 이 직업에 대해 알아보도록 합니다.
0~10	낮음	직업 적합도가 낮습니다. 해당 직업과 함께 다른 직업의 정보도 함께 알아보도록 합니다.

Step 8

교사와 학부모를 위한 가이드
적성 & 진로 지도

이렇게 지도하세요

　기업의 경영 환경이 하루가 다르게 변한다고 합니다. 경쟁이 치열해지는 만큼 회사의 전체 업무가 유기적으로 연계되고 내부의 정보가 효율적으로 공유되어야만 기업의 경쟁력을 유지할 수 있습니다.

　이렇듯 점점 더 복잡해져 가는 기업의 경영 환경에서 IT 기술의 수요는 계속해서 증가할 것으로 보입니다. 정보 통신 기술에 대한 지식과 경영 역량이 접목된 사람일수록 비즈니스 IT 컨설턴트로서의 전망은 밝을 것입니다.

　IT 컨설턴트는 항상 새로운 사람들과 만나 새로운 일을 해결해야 하므로 호기심이 많고 새로운 도전을 즐기는 학생에게 적합합니다. 또 문제점을 파악하고 해결점을 찾아야 하기 때문에 논리적이고 분석적인 자녀에게 유리합니다.

학습 설계(중점 과목)	
구분 I	구분 II
국어, 영어, 수학	사회, 과학, 예체능

* 컴퓨터 과목을 열심히 공부하면 도움이 됩니다.

활동 설계(관련 활동)	
동아리	컴퓨터, 수학 연구, 물리 연구, 실험 동아리
독서	《빌 게이츠@생각의 속도》《엘러건트 유니버스》《정재승의 과학 콘서트》《파인만 씨 농담도 잘하시네!》《공학으로 세상을 말한다》
기타	교실 정보화 기기 도우미, 과학의 날 행사 도우미 활동

수학, 과학, 컴퓨터, 영어 등 학교에서 배우는 많은 것들이 컨설턴트로 일하는 데 기본 지식이 된다는 것을 잊지 마세요. 더불어 폭넓은 독서와 토론을 통해 논리적인 사고력을 키우고 다양한 사람들과 만나 어울릴 수 있으면 큰 도움이 됩니다.

꼭 알아 두세요

정보 기술은 나날이 발전하고 있습니다. 변화하는 기술을 따라잡기 위해 허덕이기보다는 남보다 먼저 새로운 기술을 습득해 한 발짝 앞서 나가겠다는 능동적인 태도가 필요합니다. 일이 주는 적당한 긴장감을 즐기고 주도적으로 일하며 성취감을 느끼고 싶은 사람에게는 좋은 직업 선택이 될 것입니다.

교사와 학부모를 위한 가이드
직업 체험 활동

LG 사이언스홀 견학

　LG 사이언스홀은 청소년들이 첨단 과학의 세계를 흥미로운 체험을 통해 학습할 수 있도록 다양한 전시관을 마련해 놓았어요. '놀이터와 같은 과학관을 꿈꾼다'는 취지로 설립된 곳인 만큼 어린이들의 눈길을 끄는 코너도 많이 있어요. 서울과 부산, 두 지역에서 운영되며 정보 통신과 컴퓨터에 관한 다양한 체험이 가능합니다.

정보통신산업진흥원 이용

　국내 소프트웨어 및 멀티미디어 콘텐츠 산업을 지원하는 곳이에요. 1983년에 한국소프트웨어진흥원이라는 이름으로 설립되었고, 2009년에 정보통신연구진흥원, 한국전자거래진흥원과 함께 정보통신산업진흥원으로 통합되었어요. 자녀와 함께 소프트웨어에 관한 자료가 풍부한 도서관을 이용해 보세요.

한국정보기술연구원 방문

IT 전문가 양성을 위해 IT 소프트웨어 연구 개발 업무와 교육을 진행하고 있는 지식경제부의 산하 기관이며 서울 구로구에 자리 잡고 있어요. 컴퓨터 프로그래밍에 관련한 다양한 교육 과정과 정보 기술에 대한 체계적인 정보를 제공하지요.

추천 사이트

한국정보통신진흥협회　http://www.kait.or.kr
한국전자정보통신산업진흥회　http://www.gokea.org
한국정보통신기술협회　http://www.tta.or.kr
한국IT서비스산업협회　http://www.itsa.or.kr
정보통신산업진흥원　http://www.nipa.or.kr

돌발퀴즈 정답

방송 PD

23쪽_ 방송 PD 28쪽_ 편집
35쪽_ ❷번 37쪽_ ❷번
39쪽_ ❷번
40쪽(직업 사전)_ 방송 PD, 편집, 불규칙한, 리더십, 사회

IT 컨설턴트

53쪽_ IT 컨설턴트 56쪽_ 정보
61쪽_ ❶번 63쪽_ ❷번
65쪽_ ❶번
66쪽(직업 사전)_ IT 컨설턴트, 정보, 밤낮없이 일할 수도 있다, 컴퓨터 활용 능력, 수학